幸福空間創造家

林姬廷・姜 NOORI ◎著　　高俊江・賈蕙如◎譯

# 整理顧問到你家

## 5大概念 2大關鍵
## 讓你成為最棒的生活管家

## 整理習慣能養成整理體質

當初決定要成爲整理顧問的時候，連我自己也深感疑惑地想著：「這眞的能成爲職業嗎？」因爲我很懷疑：「一般人眞的會感覺到整理的必要性嗎？」更別提是否憂慮整理顧問服務能不能帶來收入。我當時認爲，一個人會不會整理要看他的個性，正如某些人很消極、某些人很積極。因此，我想整理顧問所做的事情一定會受到某種程度的限制，畢竟一個人的本性難以改變！我到底要如何讓別人不整理的習性產生改變呢？

我不知道這本書會帶給讀者們何種影響，但是在撰寫本書的過程中，我得到重新檢討「整理哲學」的機會。我所產生的思想變化其中之一，爲「整理不是習性，而是習慣」。整理不是用頭腦思考與構想的理論，而是以行動實踐的運動。就像只要學會騎腳踏車，身體會永遠記得怎麼騎，就算隔了很久再騎，還是能夠很快將感覺抓回來。整理也是如此，一旦行動、體會，就不會輕易失去的一種技能。

然而，大部分的人以爲整理需要很多技巧、適合的器具，或夠大的空間才行，經常以現實條件不利、自己根本不會整理等種種藉口來放棄整理。轉身看看家裡的各個地方，就會發現不少需要動手之處，但因爲收納空間或用具不齊全，也沒有學過整理法，只好搜尋雜誌或網路上的資訊，可是這麼一來，反而更失去興致。因爲雜誌裡刊登的房子都像樣品屋般完美漂亮，看了之後只會感到羨慕、猜想照樣裝潢要花多少錢，然後嘆氣；再看到人氣部落客優雅安穩的居家生活，也難免讓人感到些許不平，甚而對無辜的先生發脾氣！別人都在裝潢得漂漂亮亮的房子裡生活，但自己的現實條件卻令人

煩悶，久而久之也失去所有整理動機。

很多人只要聽到整理好的家，就會想到在電視、網路，或雜誌裡所見整齊又漂亮的房子，但是我們在實際生活裡需要做到的整理，並沒有那麼了不起。整理的目的是依照自己生活的情況與環境，以重新建立系統來安排更為整齊、便利的生活。

在本書裡，不會看到像整理雜誌或裝潢書籍的漂亮照片，這裡提供的是其他書中未曾介紹過的真實住家，與可以立刻派上用場的實用整理法。為了將真正的整理過程介紹給讀者們，我把整理顧問服務工作中，親身接觸的客戶住家當作範例，詳細說明實際的整理過程。（我衷心希望藉由這樣的方式，能打動讀者們的心，產生和我一樣的想法及感受自己的變化。）

斯邁爾斯（Samuel Smiles）的名言「播種思想，收穫行動；播種行動，收穫習慣；播種習慣，收穫個性；播種個性，收穫命運」，這句話也適用於整理。整理的行動會產生整理的習慣，習慣會形成整理體質。一旦體質產生變化的人，便不會那麼容易回到以前的狀態。

我確信，整理不是品德，而是習慣。只要有意志力願意變化，就能改變自己。很想整理但不敢下手的人、放棄整理的人、自認天生沒有能力，壓根兒沒想過要整理的人，從現在開始跟著我一起改變體質吧！

# 不是要整理出漂亮的住家，
# 而是要讓自己的生活更方便！

　　一般其他書籍都在談如何整理出漂亮的住家。然而，本書的訴求並不是花俏的整理法，而是希望提供在現有條件下，將住家整理為實用環境的方法。

　　羅馬時代維特魯威（Marcus Vitruvius Pollio）撰寫，至今仍受眾多建築師肯定的經典著作《建築十書》，在書中如此介紹建築的三大要素：堅固性、實用性與美感，而裝潢的要素也不會踰越這個範圍。在建築完工開始裝潢時，應當考慮這三大要素。

　　我在進行整理的時候，也很重視這三個要素，其中又以實用性為整理的最重要一環。無論整理工作收拾得多麼仔細美觀，但要是在使用上不方便，就完全失去意義。聽說某些愛美的人，為了完整的打扮寧可忍受痛苦不便，不過在整理這件事上，實用性遠比一切都重要。

　　由於我們已經太習慣媒體介紹的精美空間，往往覺得自家的空間很不起眼，或是認為沒必要做瑣碎的整理。可是，在雜誌或電視上介紹的房子，僅僅為了呈現給讀者與觀眾欣賞，因此大部分是異於現實、視覺上的漂亮空間，也可以說是較不實際的屋子。整理並不是購買新家具或貼新壁紙進行空間大改造，真正的整理是在現有的狀態下，盡量重新創造出方便又實用的空間，絕非撤換全部的東西。若有雅緻的高級家具與適當的收納空間，任憑誰都可以輕易又整齊地整理好。然而，能夠將生活空間整理成符合自己需求的人，只有自己而已。因此，真正的整理，不一定要有漂亮的用品、足夠的收納空間、特別的裝潢技巧，是任何人都可以做到的。

# C·o·n·t·e·n·t·s

作者序 003

序言 005

## Part **1** 整理概念
### 讓整理變成習慣

**概念 NO.1** 整理也有顧問服務嗎？ 010

**概念 NO.2** 難道不整理不行嗎？ 012

**概念 NO.3** 世界上最難的就是整理！ 016

**概念 NO.4** 有沒有快速又簡單的整理祕訣？ 022

**概念 NO.5** 分享之美，整理的基本原則 028

**關鍵 NO.1** 什麼是依家庭人生階段做整理？ 031

**關鍵 NO.2** 整理真的有助於孩子的學習嗎？ 033

## Part **2** 空間&分析

**＊PREVIEW＊**

Case. 1　與雜物的戰爭 039
　　　　——被各式雜物占據的玄關整理法

Case. 2　脫離狹窄的玄關 046
　　　　——沒有鞋櫃小玄關的雙倍利用法

## Part **3** 空間&分析

**＊PREVIEW＊**

Case. 3　變成有模有樣的客廳 055
　　　　——居住環境大糾正，進行有秩序的整理

# Part 4 空間&分析

\* PREVIEW \*

Case. 4　廚房的象徵，流理台 065
　　　　——先了解動線讓廚房整理變得更容易
Case. 5　冰箱，廚房整理的重頭戲 074
　　　　——空間利用百分百
Case. 6　流理台、小廚房也可以變得很整齊 081
　　　　——空間越小，越要仔細整理


# Part 5 空間&分析

\* PREVIEW \*

　　　　房間整理 I，整理出舒適休息的臥房 091
　　　　——衣櫥、棉被櫃、梳妝台，
　　　　　　及各種小物品的整理撇步！


# Part 7 空間&分析

\* PREVIEW \*

Case. 9　一探究竟，神祕女大學生的房間！113
　　　　——利用壁式櫥櫃的書房整理法


# Part 8 空間&分析 其他

ETC　　　其他空間也能完美整理！122


# Part 6 空間&分析

\* PREVIEW \*

Case. 8　房間整理 II，培養孩子的創意吧！105
　　　　——永遠打掃不完的兒童房

開始做某一件事情之前，除了考慮該不該做，意志力也是很重要的一環。
若沒有實踐的意志力，無論是多麼應該進行的工作，也不會真心投入。整
理亦是如此，倘若你總是想著「可不可以不要整理？」那麼在這一章，我
得先讓你知道整理的必要、重要，以及其成效。

# 1

## Part

# 整理概念

Intro

讓整理變成習慣

# 整理也有顧問服務嗎？

在韓國引進整理顧問服務的概念以及出現整理顧問這一行，已有三年之久，目前在國內約有十家的整理顧問公司，這些公司專門提供各機關、學校、家庭等各種場所的整理顧問服務，同時也透過演講活動向大眾宣導整理、整頓的重要性。

即使整理顧問服務已在不知不覺中融入生活的各個角落，成為容易可得的便利服務，但是也還有不少人對這個行業感到陌生。大家也許曾在電視或雜誌上不經意瞥見這項服務，不過對一般民眾來說，根本不太了解整理顧問服務的概念。

整理顧問服務到底是什麼東西？而整理顧問又要做些什麼呢？現正擔任整理顧問同時也培養新人的我，想來探討一下這兩個尚未被清楚定義的概念。

身為一名整理顧問，最常聽到的問題為「整理哪有什麼顧問？」「真的有這種服務嗎？」，我的回答是「當然有！」整理可以有顧問服務，而且是由專家以有系統的方式來加以管理。在一般認知裡，整理被視為「簡單的家事」「只要下定決心，花幾天功夫就輕而易舉完成的事」，也難怪很多人無法將整理與顧問服務畫上連結。

為了這些對整理顧問領域感到陌生的讀者們，我想先簡單說明整理顧問服務的概念。一般所謂的顧問服務（consulting），以往大多僅限於公司或企業經營而使用的說法，但是近來「顧問」一詞被廣泛使用在各種領域中，出現了企業管理顧問服務、學習顧問服務、求職顧問服務、減肥顧問服務等等名稱。

顧問服務是一項提供商量或諮詢的服務，也是在某個領域以專業計劃與企劃來

> **何謂整理顧問服務？**
> 提供幫助建立事物的系統，以讓使用者更加便利為目的之服務。

增加執行的可能性。這樣的概念運用於相當多的領域，在方式和過程上也各自有所差異，但基本上顧問服務就是指透過有系統的管理、企劃、執行，來滿足客戶最大的需求及產生良好的結果。

由以上的說明，就可以知道整理顧問服務正是將有效又實用的整理方法提供給不善於整理的人，透過讓使用者感到便利的整理方式，提升客戶生活品質的服務。

換句話說，整理顧問服務主要在於將更簡單容易的整理方法授予不會整理、覺得整理很難的人，幫助他們改變整理系統、達到整頓的目標。

在提供整理顧問服務時，根據客戶的情況建立適當整理系統的人就是整理顧問，整理顧問能提供更有效建立工作或居家環境的整理系統，幫助對整理感到棘手的客戶維持更滿意的生活。

現代社會在物質與精神生活上變得富裕卻也複雜，因此整理顧問服務與顧問的重要性越來越高。由於這項服務在韓國國內推廣的時間還不久，很多人還不熟悉，但是，美國自1980年代起就開始出現有關整理的專業知識，也誕生整理顧問這個新行業；日本也不例外，很早之前就已經有了整理與收納專家。與美、日這些在整理領域專業化、顧問群豐富的國家相比，在韓國無論是引進或執行的時間都還很短。然而，相較於短暫的引進與推廣時間，出現專業整理顧問以及擴大的速度算是非常快，在家庭、學校、公共服務等各種場所，都已有整理顧問在提供服務，同時，隨著對整理的重視與關心日益增加，顧問們服務的範圍也更廣大了。

目前服務中的整理顧問們，大致隸屬於兩個領域。第一種是透過委託進行整理，整理顧問必須親自到府為客戶執行整理服務，將雇主的家居環境變化改善。

第二種是透過演講，在公司、學校、社區服務中心等地，以整理為主題演講，並進行整理理論與實例的教學，除了期望能改變聽眾的意識形態觀念，也讓聽眾在動手整理前先有自我檢討的機會。

總而言之，整理顧問服務即是為了現代複雜社會中，過度忙碌無法井井有條過日子的人所提供的服務，而整理顧問與其服務，也正是順應時代環境與社會文化背景所誕生的新職業、新概念。

# 難道**不整理**不行嗎？

「難道不整理不行嗎？」這句話不是出自於別家小孩，而是我這個整理顧問的大女兒，這是每回她為了整理抱怨時必定嘟囔的。（雖然是這樣，但大女兒一起參與了這本書的撰寫，不曉得她現在的想法是否有改變？）

不只是我女兒，相信在很多媽媽家裡，應該也有非常不愛整理的孩子或先生吧。我總是得將東西收拾得整整齊齊、放在該放的地方才覺得踏實，但是他們和我就是不一樣，完全無拘無束，不管東西擱在哪兒，就可以那樣放著，「不整理也不會怎樣」是我女兒常掛在嘴邊的話。因此，亂七八糟的書桌、一打開就看見像被轟炸過的衣櫥……這些情景每週都在我家出現，我與女兒在日常生活裡的衝突當然就不計其數。（閉上眼睛彷彿都能看見我女兒翻白眼的樣子。正在看這本書的各位媽媽，此刻大概頻頻點頭吧？）

面對任何台上演講，我總是充滿勇氣與自信，也不需要預備台詞或資料，就可以演講一、兩個小時的內容，然而很奇怪的，一遇到用寫的我就很沒轍。一行字還寫不完就已感到頭殼完全空空、不斷地寫又不斷地擦掉，甚至連握筆的手都會發抖。這樣的我竟然下定決心要勇敢地寫出關於整理的書，因為，我想把簡單又具有系統性的整理方法讓更多人知道及善用。這除了是我的夢想，另一個更重要的原因，是希望讓我家的女兒們了解整理的必要與用處。

坦白說，如果連整理顧問的孩子都不懂得整理，那麼還有什麼人會好好了解整理的必要呢？此外，每回在各地演講與整理相關的主題時，大家都問起同樣的問題，因而使我發現，原來不是只有我大女兒會這樣，其實許多人都無法真正感受到整理的重要性。

所以，我想利用這本書的第一章來探討整理的必要與重要。無論做什麼事，如果不能清楚了解目的，那麼在後續的過程中，便會不由自主地疑惑：「我為什麼要做這件事？」相反的，有明確動機的人則不易中途而廢。

這些探討也許大家經常聽到，會有點感到厭煩，甚至理所當然認為不值一提，但撰寫整理方法書籍的人，若是疏忽了這些，又豈不是一種失責？除了我們家女兒需要看這個章節，對於整理毫不認為有必要的人更是要讀。接下來，我就正式開始吧！

整理為什麼這麼重要？也許有很多人想反問：「整理這件小事有那麼了不起嗎？」的確，實際生活裡不想整理並不會弄出什麼困擾，襪子脫了就隨地丟、衣服任意到處掛、書本亂堆著，這些哪會變成日常生活的大問題（或者應該說，根本就不會怎樣）。不過，這正是很多人對整理的誤解！不整理真的不會造成平日生活的困擾嗎？要不要看看以下的情境？

- 明天就得提案了，但是存著重要文件的隨身碟，卻怎樣也想不起來放在哪兒，徹夜尋找，翻遍書桌與抽屜才找到，終於放下心中的大石頭。
- 上學快遲到了，但是無論怎麼找就是找不

到家裡的鑰匙，最後，翻開昨天穿過的衣服口袋才找到。

- 明天想要穿的襯衫是上週也穿過的，不過在抽屜裡卻翻不到，擴大搜索整個房間後，竟發現髒襯衫還躺在洗衣籃旁。因此明天穿著的計劃泡湯，心煩之餘還得再找別的衣服來搭配。

這些生活中的經驗，相信在每個人身上都發生過。在急得要命的當下，因為平日沒有好好整理而手忙腳亂的例子，也常在我們生活裡上演。

有人可能會質疑不整齊的環境對生活到底能造成多少影響，事實上，亂七八糟的東西對人造成的影響的確相當大，更別說是住家風水論點中所謂的負面能量。大家都知道髒亂的環境會帶來極大的不便，為了找東西而浪費時間、弄得心情不好和精神不佳，這不都是未善加整理而造成的後果嗎？

人類藉著各種工具過更方便又豐富的生活，而能否妥善整理就是代表我們是否具有好好調度這些工具的能力。整理等同於為了更有效率、更方便利用東西而建立系統的行為，同時也包含人與東西之間的互動。

透過整理我們可以知道自己具備多少管理東西的能力；善於整理、整頓的人，能有系統地、妥善地利用東西，反之，不善於整理的人無法將事物有系統地帶入自己的生活中，因此總是為了生活而忙亂。

日常生活缺乏整理、整頓的人，也代表自己的人生過得很沒有效率，不但無法依需求使用東西，還會因為從未好好管理，在當用之時被雜亂的環境擺一道。

許多人愛讀的暢銷書《小王子》裡，有段關於建立關係的故事。故事透過狐狸告訴我們，人是相互適應的，也就是說，人是活在自己與其他事物間不斷建立的關係中。我不認為這種關係僅是存在於人與人之間而已，我們所使用的許多東西也是與使用者產生關係、相互適應的，因此，為了過有效率有組織的生活，當然得好好調度這些必需之物來為我們服務。

現在能了解整理的重要性了嗎？很多人對整理經常有誤解與偏見，抱持「整理不過就是件誰都會做的家務事」的想法，只要聽到整理，就想到打掃家裡或做家事，但是整理真的只是件家務瑣事嗎？針對這點，我想做個澄清。最需要整頓的地方當然是家裡沒錯，但是，將整理斷定為做家事，這是錯的；在每日生活中，無論吃的、用的大部分都在家裡，我們待最久、最常與各種物品互動的地方也是在家裡，因此，居家環境當然需要更多的整理。然而，將整理視為家務瑣事是不對的，整理不僅視家庭所需，更是在所有生活空間裡都必須要有的習慣。

事實上，除了家庭主婦，對上班族或學生而言，家庭並不是每天待最長時間的地方。上班族一天耗在公司裡的時間，幾乎相當於在家裡的時間，因此辦公室的空間整理也很重要。有不少企業很重視藉由整理來營造出有效率的工作環境，也會在公司內部安排相關演講或課程。

如今，介紹整理、整頓及其效用的實用書籍廣受歡迎，到網路書店的網站上以「筆記」或「整理」等關鍵字來搜尋，就可以查到許多相關的書籍，這表示整理與整頓不再只是侷限於居家環境，只要涉及生活中的任何場所、使用的東西、環境之間建立圓滿的關係，就是整理。

接著，我想打破很多人對整理的另一項誤解。有些人以為，為了得到更大的利益或成功，在優先順序上，可以將整理這等瑣碎的小事情擱到最後，他們拿偉大藝術家或成功生意人混亂無秩序的房間，或埋首於堆到半天高的資料中做研究的學者當作擋箭牌，認為整不整理只不過是個人做法及生活模式不同而已。我要講個例子給這些人聽聽。

與上述誤解相反的一個實例，是多數成功的領導人其實都是「整理狂」。舉例來說，具有朝鮮王朝優秀學者、科學家、先驅之名的丁若鏞，始終仔細周到地整理保管資料，被稱為朝鮮最有名的整理狂，連身在邊疆寄書信給兒子們時，也仍在信中叮囑無論看書或學習，都得整理其內容。

撰寫《過得還不錯的一年：我的快樂生活提案》一書的作者葛瑞琴‧魯賓（Gretchen Rubin）指出，為了幸福最優先該做的事情是「清理家裡所有的雜物」。她強調，整理不僅是調度、調整及排列東西，也是讓我們幸福向前進的一種方式。

整理不只是完成整頓就結束，而是藉著將東西歸整在適當的地方，以便作為將來活用的預備。換言之，整理不該只為了眼前的利益或更大的目標就被犧牲延後，因為它是幫助我們接近與達到成功的跳板。

整理是建立人與東西、人與知識之間的連結，同時也是幫助溝通的媒介。整理所扮演的角色，可不像一般人所想的那麼單純，在妥善整理的環境中生活的人，可以享受到更豐富的生活。（簡單想想，妥善整理的環境與凌亂的環境中，哪個會讓人們有安定感呢？這答案不用想也知道吧！）

整理的蝴蝶效應就是如此，以往被認為沒什麼影響力的整理，現在即將要發揮威力了！

# 世界上最難的就是整理！

有不少人擁有正常社會生活、於職場上也被公認做事仔細周到，然而家裡卻是亂七八糟的過日子。這樣的人在我們周遭不計其數，幾乎都是在工作領域做事乾淨俐落，但是在整理方面完全不在行。我想，許多一早外出上班直到晚上才帶著疲憊回家的上班族就是這樣。如此看來，相較於其他事物，整理和整頓真的那麼難嗎？

不善於整理的人為什麼覺得整理那麼難？對於將整理視為世上最困難之事的人，我想在這章針對這些人的特點來一探究竟。

## #1. 該出清的時候到了！

不善於整理的人的第一項特色為「無法丟棄」。長時間研究囤積現象的心理學者弗羅斯特（Randy O. Frost）在《囤積是種病：別讓雜物堵住你的幸福》一書中，詳細說明了囤積東西所造成的莫大影響。弗羅斯特指出，「囤積病（hoarding）」是將有的沒的東西蒐集且囤積的一種強迫症狀，許多人都帶有些許的囤積強迫症，例如：每個人應該都保留著以前的舊日記本，這些即使扔掉也不會怎樣，但心裡總覺得有一天能用上，所以變成無法丟掉、每次搬家必定要帶走的東西。其他類似的情形，有些人是蒐集相機、通訊器材、音響等最新款機器，或是蒐集漫畫、公仔、郵票、明信片等東西。這些人當中，你認為哪些是有囤積強迫症的呢？

囤積病與收藏家的不同之處在於，有囤積病的人賦予這些蒐集品過多的意義，

> **收藏**：在喜歡或感興趣的領域裡蒐集東西的行為。
> **囤積病**：賦予東西過多的意義，而且僅專注於蒐集的行為。

將之視爲自己的分身，此外，他們利用蒐集行爲來得到安全感。

蒐集的行爲與焦點若轉移爲「買下來囤積」，那麼便超出了因爲興趣而蒐集的範圍，變成囤積病的可能性就很高。

根據了解，美國罹患囤積病的人大約有六百萬名，就連普普藝術大師安迪沃荷（Andy Warhol）也曾患有此病；沃荷除了將一般人會丟棄處理的東西保留下來，甚至還把書桌上的雜物全部收放在箱子裡，命名爲時代文物密藏，全數堆置在家裡。

「多虧」有這類被視爲天才或有怪癖的奇人，因此大家不太會把不善於整理的人視爲問題。然而，囤積強迫症不僅是不善於整理，其中也許還隱藏著更大的問題。

研究報告顯示，患有囤積強迫症的人在大腦額葉的部分是受損的，因此其保管或判斷事物能力偏低。目前只知道重大打擊或憂鬱症可能產生這樣的症狀，但是正確的原因仍在研究當中。

東西進與出的數量應該成正比才對，要是買入的東西很多卻不把舊的東西扔掉，進出的平衡一定會被破壞。在固定空間中，能堆放的東西有限，若添加了新物品進來，就得要拋掉一些舊有的東西；或

空間
投入（input）＝排出（output）

者，先拋掉舊有的東西，再添入新物品，這樣才對吧。

在後面第三點會討論到「寂寞」與「購買行爲」的危險關係，這是指習慣於毫無自制地購物，導致無法承擔經濟負擔的購物中毒現象，或是爲了填補心裡的空虛感而進行購物的行爲。這些都是針對購物行爲本身賦予意義，藉以得到內心的滿足，不過，這樣的行爲卻會引發更大的問題。購買的物品在不斷地囤積後，會妨礙環境的整理，干擾日常生活。

我曾實際接觸過一位客戶，她購入的衣服足以放滿一整個衣帽間，這些衣服甚至連標籤都未撕下。這位客戶說，只要喜歡，就將同款式衣服至少買個三種顏色，連套在人形模特兒身上的衣服，也會直接買回家，之後卻一次也沒穿、原封不動地擱在衣櫃裡。她不是因爲喜愛穿著而購買衣服用來搭配個人風格，這是完全以消費爲重點的典型例子。

不是基於需要才買，而且購買數量遠超過所需範圍，或是無節制地買回目前根本不需要的東西，堆放在家裡，這些行爲相當不理智。不是基於喜歡或需要而是只

愛「消費」的行為，簡直是本末倒置、被東西牽著鼻子走，這樣下去，最終只會演變為埋在雜物堆中過日子。

## #2. 整理、整頓也需要敏銳度

不太會整理的人的另一項特色為，他們可能處於某種特殊、與以往生活不同的狀況中。整理不是只靠頭腦思考與計劃就能做到，而是身體力行所表現出來的一種活動及習慣，因此善於整理的人，通常也都會持續做好整理工作。然而，原本很會整理的人卻也可能因為身處的環境產生變化而有所改變，就如同我們體內某條神經損傷、某處受傷，也會造成身體無法正常運作，或某種身體機能受損一樣。

在向我提出整理服務要求的客戶中，有的連基本整理系統都不曾建立，完全得從頭開始；但也有很多人，僅需要稍加幫助他們改善及了解，就能順利完成。這類的人其實原本就具有自己努力規劃出的整理系統，不過，可能因為發生家庭問題或生活的某些危機，以致於突然無法運用原有的整理能力。我們活著的每一天，難免會遇上出人意料的狀況，使生活發生異於以往的改變；而一旦出現這些變化，又不能順利適應時，日子就可能過得既不方便又不順心。可是，人的生活裡有種稱之為慣性的東西，無論一開始覺得環境變得多不方便、多令人不滿，經過一段時間後，也會逐漸開始習慣，因此，面對混亂、不整齊的居家環境，心裡會慢慢生出試著習慣的念頭。

對於面對雜亂環境已經習以為常的人，他們需要「整理」的及時應變能力。也就是說，意識到當前的狀況對自己造成不便時，就要立刻下決心馬上突破！整理是需要瞬間的判斷與採取適當行動的應變能力。

在此重申，整理是如同運動般的習
慣，是一種經過內化就不會忘記的習慣，
就好像騎腳踏車或玩直排輪；不過，若是
遇到特殊狀況或突發情形時，素來的整理
習慣也會受到影響，就像多年不再接觸直
排輪，之後再玩也會歪歪倒倒一樣。總結
來說，整理需要有即使在突發狀況的當
下，仍堅持振作的毅力和迅速面對各種狀
況的應變能力。

## #3. 寂寞與整理之間的關係?!

作為整理顧問可以得知許多客戶的經
驗，其中最令我感到驚訝的是，很多不善
於整理的人，都有著自己知道或不知道的
寂寞感。那麼，寂寞感與整理有什麼關
係？雖然這兩個字看來毫不相關，但其實
整理與寂寞感有著相當緊密的關係。

尋求整理服務或顧問的主要客群，為
二十幾歲至三十幾歲的女性，都是家庭主
婦或是必須上班兼管理家庭的職業婦女

▲ 整理與寂寞感的關係

（working mom）。應該有些讀者想問：
「我們周遭的這些普通家庭主婦們，也會
感到寂寞嗎？」其實，若是有一點點的關
心，就很容易看出來她們的寂寞感。

職業婦女們身兼工作與養育的雙重責
任，過著一個頭兩個大的忙亂生活。一早
起來先幫小孩梳洗，接著送孩子到幼稚園
後自己再去上班；傍晚拖著一身疲憊下班
後，要顧家事又要顧孩子，在這樣的生活
中每天覺得日子過得很快。不少剛開始面
對這樣人生課題的婦女為自己感到很辛
苦，從以自己為中心的生活，突然轉變為
以家人為主，過程中所產生的落差令人感
到負擔沉重。

家庭裡，若都由太太負責家事與養
育，相較之下當然會比先生承受更大的壓
力，雖然剛出生的新生命帶給父母無限的

喜悅與驚嘆，但養育壓力與責任也隨之而來。如果太太此時無法順利適應成為媽媽的角色，對孩子與母親雙方都將造成很大的壓力，在夫妻關係上也會產生危機。

當人生面臨養育責任的新局面，生活的焦點從個人、夫妻轉移到以孩子為主時，往往會經歷很多衝突與困難，要是能順利度過這個階段，就可以充分做好父母的角色，但是，問題就出在這個時期大部分家庭的生活開始變得不穩定。夫妻在孩子出生、加入的變化階段中，能否將自己的角色從先生、太太轉變成為爸爸、媽媽，這是圓滿家庭生活的關鍵。

夫妻原本應當以合作與和睦來克服衝突的，一旦關係變得鬆散、疏遠，那麼先生與太太的寂寞感當然無法避免，常常感到即使兩人在一起，心靈仍然很寂寞的矛盾狀況。家有年幼孩子的上班族媽媽，生活表面上看起來平凡，實際上有許多人正

面對著危機，她們從單身生活進入以家庭為主的人生過渡期，平日的職場工作已經夠累了，回到家卻發現家事與養育都落在自己肩膀上，因而產生與家人之間的衝突和各自的寂寞感。夫妻之間要是能妥善分配好家事與養育的責任，這樣的情形當然就會改觀。

現在，將這種家人的寂寞感與整理、整頓連結起來思考。「寂寞感」的可怕之處在於，除了讓人感到孤單之外，還會為了填補這種空虛感做出某些行為；這些行為若是陶冶自我、修練內心來使精神世界成熟，是很正向的態度，但是昇華寂寞感為精神修練並不是一件簡單的事。

大多數的人為了填補空虛感，寧可選擇購物、社交，或投入於某種事物。陷入寂寞的人，有時會隨意買東西、藉由情緒表現來獲取別人的關心，抑或過度依賴子女或先生。

寂寞感所產生的空虛，不停地驅使人們持續渴求某些東西。

不斷購物是妨礙整理的壞行為，我之所以說寂寞感是不善於整理的人的特色，就是指這種將無法填補的空虛感，轉移為買東西堆在家裡的行為。寂寞感會讓人想把東西不斷加進來，倘若購物能夠消除寂寞，那還算是幸運。但是人心的渴望可以

用東西來滿足嗎？不！無論買多少東西，終究是無法滿足的，甚至還可能變成購物中毒或執著於某事物的強迫症。看似與整理、整頓毫不相關的寂寞感，卻是能讓人變成病態購物的觸媒，導致將東西堆置家中，形成更不易整頓的環境。其實，即使買了很多東西，只要能將物品依個人需求適當使用，抱持這種正面的態度就不會讓整理變得困難。不過一般人傾向將衝動購買的東西、超出需求的東西全都堆在那兒，絲毫不會做妥善有效的利用。

在以整理為主題的書裡討論寂寞感，也許不一定很合適。不過，寂寞感是造成個人生活與家庭秩序變化的重要因素，也對建立生活基礎的整理工作有莫大的影響。因此，在開始進行整理、整頓之前，我們先對自己內心的寂寞感做一番檢視吧。

整理不僅是打掃，更重要的目的在於針對使用者做考量。將物品以系統化來整理是為了讓使用者感到方便，整理是由照顧內心的寂寞感為出發點，進一步讓使用者感到幸福。

到此為止，針對不善於整理的人所探討的幾項特色，包括：因寂寞感而不斷添入東西，形成難以整理的環境，以及原本仔細打理家庭的女性，面臨養育子女的階

段時，所感到的寂寞與無力。若你是個對整理感到困難的人，在著手整頓之前，何不先深思一下這些因素呢？

對自己身心進行的整理應該優先於對周遭環境的整理，正像俗話所說的，不愛自己的人也無法愛他人。

# 有沒有快速又簡單的整理祕訣？

　　這是我在提供整理服務時，由客戶、電視節目、雜誌社工作人員那兒常常聽到的問題。對於這樣的問題，我不知道作為一位整理顧問能否這樣回答：「坦白講，沒有像變魔術般既簡單又快速的整理祕訣」你是不是會覺得繼前一章之後，我又要說什麼奇怪的話了？或是我這個整理顧問是不是很沒實力，所以不知道有哪些祕訣？無論你怎麼看待我，但是，我還是只能說真的沒有祕訣可言。同樣的話在演講或進行整理服務場所裡說出時，大多數的人聽了都會愣住，可是正因為我是整理顧問，所以必須更誠實！有些人提出只要幾分鐘瞬間完成的整理祕訣、超速搞定的整理法，我以整理顧問的使命告訴各位，今後若看到標榜這些噱頭的書籍或演講，最好略過吧，我再次重申，整理沒有個像變魔術般的祕訣。

　　有人會反問，既然我沒有像電視上或雜誌上介紹的魔法整理祕訣，又為什麼要寫這本書？我彷彿聽到想在本書中得到易懂易做整理祕訣的讀者們的抱怨。

　　我後面要介紹的內容並不是如魔法般一次搞定整理的撇步，而是能使人更容易又有系統地做到整理、整頓的方法。我的話也許多了點，看來也像是玩文字遊戲，但主要是為了讓大家明白這點。如之前所述，由理論知識學來的整理法，實際上還是必須透過體驗加以鞏固，在之後變成習慣，尤其是大多為家務或環境整頓的家庭整理，這些事情基本上都需要持續地努力。整理、整頓不是突然僥倖得到或完成的，而是一種持續性的習慣加上親自行動才能得到的珍貴成就。在這兒不講變戲法與誇張的整理方法，請一起直接進入主題吧！

# #1. 已經不用再買了。

我想你已經明白超過所需的購物，對整理工作是多麼造成妨礙，我再次提醒大家：「不要再買了！我們的購物習慣已經超過實際所需」市面上有關整理的書籍，以及大部分的整理專家們都強調丟棄，但我認為「不買」和丟棄是同等重要的。想要好好整理與整頓的人，首先要避免的就是無節制填塞空間。

社會風潮鼓勵大眾消費，廣告不停的在電視、廣播，或網路上出現，藉以接觸和吸引消費者。市場中陸續湧入新產品，商品在廣告裡看起來也都頗具魅力，所以，在消費上原本應當有主見的我們，很容易被漂亮奪目的廣告欺騙。

這樣的現實，也開始造成家裡有太多不需要與不適用的東西。廚房裡為什麼有數台果汁機、攪拌機、DIY優格發酵機、果菜汁機，甚至有發酵人蔘成紅蔘的機器呢？這邊列出的廚房家電，在我擔任顧問協助整理的許多家庭裡，一定能找到兩種以上。

現在看這本書的讀者中，很多人應該也有這些機器。購買這些家電在每天清晨喝現榨果汁，或是做有益於健康的食物，當然是很棒的事；然而問題在於，購買了價錢不低的小家電後，通常都不會善加利用，頂多用過一、兩次打果汁給先生與孩子，之後果汁機就擱在廚房一角，心裡盤算著要買優格機與發酵機。像這類的狀況只發生在廚房嗎？那麼占據客廳、慢慢變成衣架的跑步機與運動器材又該怎麼說？

我似乎看見讀者們頻頻點頭說著「對，對」。當初，買運動器材是為了運動還是為了晾衣服才買的？現在應該想想，買了昂貴的器材之後，到底有幾次是真正用來運動的？即便如此，每當在電視購物台上看到別種運動器材，我們又忍不住想拿起電話了。

開始整理、整頓之前，必定先要做的是控制輸入（input）。無論有多麼希望好好整頓一番，但只要購入太多東西就會造成妨礙。另外，向來不加考慮如何有效使用東西，就逕自採購的行為，是整頓之前首先要戒除的壞習慣之一。

## 防止即興消費
## 學習減少即興消費的習慣！

### ● 購物之前務必進行庫存調查！
買菜或購物之前，需要先確認自己有哪些東西，藉由了解自己需要哪些東西，才能減少消費！若仔細確認過家裡剩下哪

些東西，之後再去買菜，就不會發生冰箱裡還剩兩瓶牛奶，卻重複買了牛奶回家的蠢事。

看這篇文章的時候，相信很多人邊嘆咪笑著邊感到心虛。在買衣服方面也是一樣，倘若先確定好打算買什麼款式、顏色的衣服再去購物，應該就能避免即興消費。一旦養成庫存調查的習慣，先確認目前已有的東西，再決定要買什麼，就可以讓你知道自己適合哪些風格，以及自己喜歡什麼種類的東西。

利用庫存調查表吧！

當買回需要存放於冰箱的東西後，立刻在庫存調查表上按照順序填入物品名稱、購買日期、與購買數量；牛奶或優格這類保存期限短的商品，最好在備註欄裡註記相關內容。此後，每當買菜前都要先進行庫存調查，寫下來庫存調查日期與當時剩餘的數量，這樣才能根據已有的物品數量來減少採購。

好像買太多了！

此外，透過對照並確認已有數量與購買數量，可以預測使用完畢個物品的時間，作為下次購買參考。舉例來說，四月三十日買了六瓶優格，在五月二日調查庫存後發現還剩兩瓶，四天喝了四瓶，差不多是一天喝一瓶，那麼可以預測再過兩天就會喝完，因此，只要隔兩天做過庫存調查後，再去買優格與其他所需物品就行了。

下面的表格就是冰箱庫存調查表，這份表格也可以用在衣服或文具等其他物品上。

請參考第139頁的庫存調查表實例。也不妨將第139頁的庫存調查表剪下來，貼於各種調查項目上，以利進行庫存調查。

| 調查項目 | 購買日期 | 庫存調查日期 | 購買數量 | 目前數量 | 備註 |
|---|---|---|---|---|---|
| 優格 | 4/30 | 5/3 | 6個 | 2個 | 過期優格，丟棄！ |
| 蘋果 | 4/28 | | 5個 | 5個 | |
| 牛奶 | 4/28 | | 0個 | 0個 | 保存期限至5/2，儘快喝完。 |
| | | | | | |
| | | | | | |
| | | | | | |
| | | | | | |

▲ 冰箱庫存調查表實例

### ● 多餘的數量以一至兩個為佳！

一般採購民生用品的時候，為了足量預備，習慣上會多拿幾個放在菜籃裡；買牙膏或洗衣精時，會選擇將數個綁成一組的，買餅乾或食物時，也覺得買到多送一個贈品才是聰明的消費方式。不過，這是錯誤的認知，即使是買一送一的優惠，若是超過自己的需求，最好乾脆不要買。東西的儲備量是以一個或兩個為佳，之後有需要時再買就好，有時延後些時候買反而能避開價格大幅上漲的期間。

### ● 菜籃裡不要裝滿，保留一點空間！

你曾經想過大賣場的手推車為什麼特別大嗎？乍看之下，好像是為了讓顧客便於將東西放在寬敞的空間，但卻不曾察覺到這或許是某種誘導消費的行銷手段？據說，在大賣場推著手推車購物時，我們不只會看貨架上陳列的商品，也會不知不覺看看別人的手推車，此時，無意間比較起自己的手推車與別人的手推車，心想「得把更多東西放到我的菜籃裡」。

你是否曾聽說過，跳蚤可以跳到自己身體長度一百倍的高度，可是萬一被關在瓶子裡一段時間，再放出來後就只能跳到瓶身的高度。人類也一樣，往往慣性於被設定的範圍之內，若手推車的大小能夠小

一點，我們的購物量也可能會不同。

因此，購物之前先得透過庫存調查決定所需，然後再去買需要的數量，且頂多多買一、兩個預備就好。還有，在大賣場購物時，不要在無意間像被強迫似地拚命將東西往手推車裡放，堆放的東西越多，要整理的也越多。

## #2. 整理也要時尚！請記得T.P.O.！

時尚用語中有一個簡稱叫T.P.O.，就是Time、Place、Occasion的縮寫，指的是穿衣服要適合時間、場合、情況（目的）。最近在電視或雜誌上有很多時尚資訊，因此就算對這個領域不熟悉的人也或多或少有聽過吧？

將此概念應用在整理上，可以有助於建立系統，不過要將T.P.O.的Occasion改成Object，換句話說，就是整理、整頓要有適合的時間、場所，與目的！T.P.O.適用於任何方面的整理，而這種適用於一般人主要生活空間——家庭、公司、學校等

T Time 納入時間考量的整理！
P Place 適切置放位置（空間）的整理！
O Object 有目的性的整理！

——的普遍整理原則，就等於用在適合時間、場所與目的的整理方法。

### 納入時間考量的整理！
考慮家人的生活週期、行為變化、季節、活動時間的整理！

什麼是納入時間考量的整理？按照季節整理的衣服、每季改寫的幼稚園或學校公告欄、每逢下雨天在公司或大樓擺出的雨傘用塑膠袋等等，這些都屬於納入時間考量的整理。在整理的時候，對時間與時期的考量最爲重要，無法按照現實狀況與時間來使用東西的環境，就不算是整理好的環境。

因此，我建議依照家人的人生階段與家庭的變化來進行整理。

請回想一下小孩就學時期的家庭狀況。上國小時、進入青少年期時、去當兵時，各個時期中家庭成員的行動範圍都會產生變化。基於這些變化，生活空間也得跟著調整，需要自己專屬空間與獨立空間的孩子，如果得不到適當的環境空間，也可能造成孩子成長上的問題。

再來，請假設是孩子都已獨立、父母皆退休的家庭。只有一對夫妻生活的空間當然不再相同於大家族一起生活的空間，當生活的焦點從孩子重新移回夫妻倆身上

時，環境也要隨著轉變才是。然而，大部分的人常常都忽略這種時期該有的、適合的模式，只活在一成不變的環境裡。若想要做到適切適用的整理，就必須考慮「時間與階段」。

### 適切置放位置的整理！
幫物品找出適當位置，訂出物品的固定場所與位置！

「放回去原來的地方！」這大概是媽媽嘮叨話排行榜的前十名吧！「拜託你把用過的東西放回去原來的地方！」其實這句話隱藏了整理的核心精神。簡言之，適切置放位置的整理就是指在該使用空間裡安排出收納的空間，也就是將東西固定的位置與地點安排在要使用的空間裡。

每件物品都有各自的位置與規則，我稱之爲幫東西找到家與地址，若每個物品都住在自己正確的地址，那麼應該就能很方便又簡單地找到並使用。

看似簡單的這個道理就是整理的核心，現在起就幫東西找出該放的位置吧！

### 有目的性的整理！
按照東西與場所的目的，需要以不同的方式整理！

有目的性的整理是綜合了前述兩種整

理方法的原則。為了完成有目的性的整
理，我們要考慮生活時期並在使用空間裡
找到存放東西的位置。這不僅僅運用於整
理上，在人生當中我們也應該設定好自己
的目標與方向，並且努力追求。目的給我
們實現與實踐的動機，整理工作若無法產
生明確的目標，我們也無法提出具體的對
應辦法，更不可能設定整頓的方向。因
此，整理不能是隨便應付狀況的工作，而
是帶著目的來調整場所、狀況與物品。

## #3. 扔掉，再扔掉。

客戶太捨不得丟棄東西，因而無法著
手整理，這是我在提供整理顧問服務時經
常遇到的難題。由於我是直接到客戶家中
協助整頓環境，所以盡量以客戶的立場考
量來給予建議。在我遇到的客戶裡，無法
捨棄東西的客戶占了大多數。

除了這些客戶，我想大部分的人應該
也覺得要丟棄東西是件難事。即使故障已
久沒什麼用處的東西，想到要丟就遲遲無
法行動，因此，每個人應該都有東西丟掉
又再拿回來的經驗。請你要掌握五秒鐘原
則！若實在無法決定該不該丟，就在五秒
鐘之內決定該物品到底還需不需要！

區分是否為留用之物，只要短短時間
就能判斷，每當我的客戶猶豫不決時，我

要求他們在五秒鐘之內判斷出該物品還有
沒有價值，若要在有限時間之內思考物品
的用處，比較不會墜入那些若有似無的思
念或回憶，可以斷然決定該物品對於今日
的我是不是依舊需要。

很多人不太能判斷的，是現有的東西
重要還是不重要。從前蒐集的紀念品、主
修科目書籍、學校制服、獎牌等等，都是
含有歷史與回憶的貴重物品，但嚴格來
說，這些對現在的我並不是絕對必要之
物。在一年當中，連一次也不曾拿出來看
看的東西，就沒有理由只為了以往曾有的
重要性而堆在家裡。

為了保留過去的回憶，留存一、兩件
紀念品絕對無妨，但是留置過多，徒然讓
回憶變為積灰塵的負擔。現在你需要重新
思考，對當前的自己來說，真正必要的東
西是什麼。

# 分享之美，整理的基本原則

整理是習慣和生活的一部分，所以每個人適合的整理訣竅也有所不同，誠如某些人喜歡吃鹹、某些人喜歡吃辣，在整理上最重要的就是為了自己的便利有彈性地調整。因此，與其分享無敵厲害的整理祕訣，不如教你整理的架構；此外，我還準備了具體的整理整頓方法，提供給想知道更多細節的讀者。在這一章裡，我們就來了解整理的循環週期吧。

## # 整理的第一步驟：分類

在開始整理之前，首先要思考的就是分類。請想一想該物品對自己來說是需要還是不需要，需要與否的標準在於「目前（here and now）」對我來說具不具有重要性。

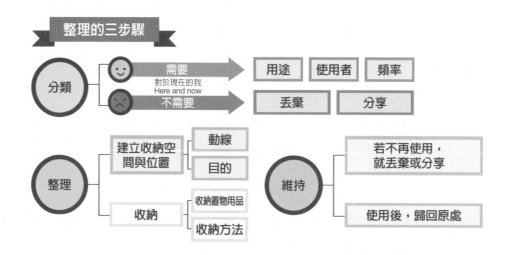

分類的捷徑一：**目前對我有需要的！**

　　首先，將生活空間裡需要與不需要的東西做分類。

　　對住在套房的大學生而言，高中時期用過的參考書是否要保留、對於目前來說還需不需要，請自行妥善評估。

分類的捷徑二：**用途、使用者、頻率**

　　完成分類之後，將判斷為需要的東西，分別以用途為何、誰的東西、何時使用等，再細分成三個類別。像這樣依用途、使用者、頻率來進行整理，可以明確建立家中物品收納系統，達到更有效的整理。

分類的捷徑三：**將不需要的東西丟棄或與別人分享**

　　若已經決定了哪些東西是不需要的，接著就請下定決心將這些扔掉或分享。整理是分享的美學，在分類需要或不需要的過程中，當事人可以建立更便利的生活環境，而藉由分享不需要的東西給周邊人們的過程裡，也能感受左鄰右舍的人情味。雖然扔掉自己不需要的東西無可厚非，但是若將這些東西與有需要的旁人分享，更能產生另一種快樂，這就是整理的附帶價值。

# # 整理的第二步驟：整理

在第一步驟裡按照用途、使用者、頻率來分類的這些物品，現在開始著手整理。在這個步驟中，要決定物品的收納空間與位置，在做這兩項規劃時，要考量使用時間以及使用頻率。

決定收納空間與位置時要想到動線因素。某些人在早上出門前，得換穿好幾件衣服才能打扮好，對這些人而言，如果鏡子與衣櫥之間的距離太遠，得來回跑個好幾趟，花費在更衣著裝的時間也更長；還有，將每日服用的健康食品或藥物，放在不便伸手拿取或不易看見的地方，這些都是不考慮使用者就逕自整理的結果。

接著來看收納階段，此時是決定在何處、以什麼方式收拾物品的階段，要思考該運用什麼樣的收納容器與收納方法。

應該使用合於空間的收納容器才有效率，對吧？也許有很多人會想「不管用什麼收納容器，只要是乾淨的就可以！」然而，不恰當的收納容器會浪費不少空間；此外，有某些客戶對收納容器過於在意，反倒買了不合原本整理目的與方向的收納置物用品，這就是沒有仔細思考收納容器的後果。

收納的方式在整理、整頓工作中，也是個重要關鍵。收納方式有橫向、縱向等各種不同方式，不過，請記得，只要選對了適當的收納方法，就能將原有的空間容量增大為兩倍！

# # 整理的第三步驟：維持

大部分人以為，只要將東西乾淨俐落地收拾好，就算完成整理任務。其實不然，要能夠一直維持整齊的狀態，才能說是完成整理！僅有一時的乾淨，之後卻又讓家裡環境更凌亂，就完全失去整理的意義。使用東西之後，總是要記得歸回原處、家中有不再使用或不需要的東西，就得扔掉或與他人分享。請別忘記，整理不是一次完成後就不會再凌亂，而是要時時刻刻實踐、行動的生活習慣！

萬一在整理完成後，發現該狀態對自己造成不便或沒有效率，當然還要針對問題再加以適當變化。有時我們在整理之後，會發現讓使用者感到不方便，或是因為家庭成員的行為產生變化，致使動線和空間使用目的也隨之改變，這些情形都是需要再次進行整理調整的。請牢記，與其重視整理過後的狀態，倒不如多為使用者便利著想，再次著手調整。

# 什麼是依家庭人生階段做整理？

**了解家庭成員的人生階段，整理變得更容易！**

整理時有許多得費心思考的項目，如前所述，按照T.P.O.原則來計劃整理，容易規劃出整理藍圖，之後再思考用途、使用者、動線，即可完成整理整頓。在為了整理而著手了解時間、場所、目的時，也要了解生活於該空間的人具備哪些特色、喜好及所處的人生階段。在這些項目中，請特別注意「家庭人生階段」。

家庭人生階段是指以家人當下生活模式做階段區分，整體來說，是基於人生的漸次變化而有各個階段。家庭人生階段是說明家族由成立到消滅的過程時，常用的概念；家庭從年輕夫妻階段直到老年夫妻階段中，都會帶來人數增減的影響，因此，先了解這個概念將有助於整理。

這個概念是否還是難以了解呢？那麼不妨想成，由於家中人口數量產生變化，而帶來家庭內部的變化。舉例來說，成年男女結婚成為夫妻，其人生階段從成人的「獨立期」進入「新婚夫妻」階段；接著，夫妻生育小孩，從「新婚夫妻」階段進入「種子」階段。隨著家族新成員的加入，家庭的環境也會不同，這些相信大家都知道吧？所以，家庭人口數量增減、環境的改變，形成了人生階段的變化。

在做整理規劃的時候，必須將家庭人生階段納入考慮的理由，是因為家人在每個人生時期要面對與解決的問題皆不一樣，這些問題與接下來要探討的整理有密切的關係。我們邊看以下的表格邊討論吧！

## 依家庭人生階段的整理步驟

| 家庭人生階段 | 說明 | 各階段的任務 | 該如何整理？ |
|---|---|---|---|
| 獨立期 | 結束學業、就職的時期 | 經濟上、心理上脫離父母，獨立、自立。 | 脫離過去小時候的東西，開始獨立，與物品建立新的關係。 |
| 新婚夫妻期 | 認識配偶、結婚的時期 | 成立自己主導的新家庭，與原生家庭適當的區隔。 | 在新婚期購物時，僅需選購必要的物品。（至少在十年之內，物品的數量會隨著家庭人口的變化而增加。） |
| 種子期 | 家庭有幼兒期～就學期孩童的時期 | 歡迎家庭新成員、學習當父母。 | 限制孩子可擁有的東西數量、培養孩子的整理習慣。 |
| 果實期 | 家庭有叛逆期子女的時期 | 尊重孩子的獨立性。（將孩子當作獨立的個體，並非父母的附屬品。） | 出清孩子幼兒期的東西，此階段為家庭人生階段的中間時期，因此，除了目前所需之物，其他都需要清理掉。 |
| 收割期 | 子女獨立的時期 | 家人之間需要適當的區隔與融合的時期。 | 教導即將成為社會新鮮人的子女，如何聰明消費與整理。 |
| 夫妻期 | 老年夫妻的家庭 | 接受變化的時期，接受老年新角色的時期。 | 整理人生的回憶，以及離開的家人的東西。 |

　　這樣是不是可以一目了然地看出家庭的人生階段呢？你曾思考過自己和家人大概是屬於哪一個階段，又該做些什麼嗎？每當因孩子們成長而帶來家庭人生階段的變化時，請清楚記住自己現在位於哪個階段。每個家庭在各個階段中都有該解決的問題，而每個階段也都有屬於該時期的整理方法，進行整理工作時，將家庭的人生階段納入考量，會讓整理過程變得更有效率。

# 整理真的有助於孩子的學習嗎？

**給我們的孩子另一種力量！現在是該在整理上投資的時候了！**

現在我的兩個孩子都已經讀大學，脫離了補習的壓力，但在此之前，家裡有兩個要升學孩子的我，在與孩子有關的補習和課外活動上，從未鬆過一口氣。別家孩子們都在上鋼琴或美術才藝班，自己孩子如果不參加，我是不是就阻擾了孩子的藝術才能；大家都說爲了贏在起跑點，即使沒錢送孩子出國留學，起碼也得送到外籍老師的補習班，但是我家孩子們爲何連母語也都不太行呢？這些憂慮讓我心裡非常混亂，而爲了因應每隔幾年變化的趨勢，國內補習界也有所謂的風潮，媽媽與孩子們好像全都被弄得團團轉。

連對孩子的教育不算過分在意的我（講好聽點，就是努力保持平常心），都這麼受到風氣影響，那些很注重小孩學習的媽媽們就更不用說了！媽媽們只要想到孩子的教育，不僅大傷腦筋，甚至睡到半夜也能突然驚醒。咦？怎麼會莫名其妙轉到孩子教育的話題呢？不是在談整理嗎？因爲我即將要探討的就是由整理衍生的教育成效。

好，有小孩的媽媽們，請睜大眼睛跟著看過來唷！

說到整理帶給孩子成效，可能大多會聯想到整齊的生活習慣或組織能力，這是理所當然的。若從小培養主動整理整頓的習慣，孩子會成長爲更主動又有條理的人。

那麼整理的成效就僅止於此嗎？當然不是。現在就要開始來談談，看來沒什麼了不起的整理，如何成爲重要的個人資產。

### ● 整理教育的成效——整合性判斷能力

在整理與整頓的過程當中，需要有綜觀全局的整合能力，也要有將所需之物適當放置的判斷能力。小孩能讀好書，不只是需要單純的認知能力，還要在順應力、判斷力，以及觀察全部局面、組合、統整理解力等各種領域裡同時發展，才能提高學習能力。因此，自小培養整理能力，不僅對學校生活有幫助，也有助於長大後主導處理自己的事情。

▲ 整理整頓的教育效果

### ● 整理教育的成效——對範圍限制的認知

嬰幼兒能夠認知爸爸媽媽，也會自己大小便後，最重要的就是讓他們認識範圍的限制。

嬰幼兒會慢慢產生學習限制範圍的能

力，而且會想「啊，應該可以再哭久一點吧？」「可以再耍賴一點吧？」「不可以再做了」等等。父母要控制孩子的行為，也要告訴孩子該做的事，才能讓孩子對即將要發生的事產生預測及處理能力。

舉例來說，若媽媽說：「只能玩到三點半，之後把玩具放回籃子裡喔！」雖然孩子不想乖乖照辦，但仍會邊看著時鐘邊做心理準備，也知道自己應該要整理。這麼一來，整理就是幫助孩子知道自己可不可以與該不該做的範圍限制。

### ● 整理教育的成效——生活化的約定與規則

整理會讓孩子懂得約定與規則的重要性。換句話說，整理會讓孩子知道父母與孩子互相商量而定的規則與約定，而且這是一定要履行的。

「今天玩玩具只能到十二點喔」「這個不是今天可以買的東西喔」「用完了之後要自己清掃」等……這些規則一旦決定了，就要讓孩子去履行，才能讓他們自然而然了解這些約定與規則是必須遵守的，藉此培養孩子的社會性。

### ● 整理教育的成效——產生成就感與動機

與其完全由父母幫孩子整理玩具，不如讓孩子在身教中自然了解爸爸媽媽的整

理習慣，待孩子年齡稍微大一點，就讓他自己主動整理。即使是小家事，也會讓孩子感到自己工作完成後的成就感，更進一步促進動機。另外，自己主動整理的過程裡，孩子會懂得所擁有物品的價值，因而產生責任感，了解家族成員所該做的分內之事。培養孩子這些整理習慣，可以由整理自己的玩具開始做起，隨著漸漸長大還能擴大為幫忙做些簡單家事。

在孩子成長過程的各個階段裡，讓他們漸漸學會分擔自己能做到的家事就好。例如，很幼齡的小小孩，叫他將玩具放回籃子裡就好；再大一些的孩子，手腳較為靈活可以摺疊洗好的衣服；待記憶力與認知力發達之後，可以讓孩子將東西或衣服歸位，放回原本該放的地方。

### ● 整理教育的成效──培養兩性平等意識

讓孩子在各個成長階段裡幫忙做家事很重要，可以讓他們從小知道家事並不是媽媽專屬的工作，是該由全家人一起分擔完成的，這能更進一步培養兩性平等的意識。而若是在生活中懂得整理習慣的孩子，長大後會成為能照顧自己的大人。

自己穿過的髒衣服，要是不懂得怎麼洗、怎麼晾，肚子餓的時候連洗米煮飯也不知道的人，還算是正常的大人嗎？

基本生活起居是不分男女都得知道的常識和必須實踐的素養，孩子從小在家庭環境裡能學會這些基本素養，比起沒有學過的孩子，更能成長為具有兩性平等意識、思考合理的人。

看起來無足輕重的整理，是不是具有意想不到的力量？從小持續培養的整理能力，竟然可以讓孩子擁有豐富又獨立自主的人生呢。

現在，是不是懂了整理習慣帶來的成效？從今天開始，就算是芝麻小事也為孩子設定範圍，教他如何整理吧。孩子是一邊認識範圍限制一邊成長的，他們所學到的整理習慣會為家庭帶來很大的喜悅。主動整理的習慣能幫助孩子培養出無限的可能性。

　　玄關是決定第一印象的空間，幾乎就是一個家庭的臉。雖然比起家裡的其他空間，玄關算是小的，不過在這兒收納的東西卻不少，所以更需要有效的整理！根據風水理論，玄關不只是人進出的空間，也是運氣與福氣的通道。既然是家庭運氣與福氣進出的空間，玄關當然得維持整齊才對吧！

# 2
## Part

# 空間 & 分析

玄關

讓玄關變成兩倍收納空間的整理技巧

## 玄關整理訣竅之預備篇

### ⊙ 適合收納於玄關的東西

　　玄關是進出家門的必經動線，想將物品收納於玄關前，先考慮這一點可以提高整理效率。接下來我們看看有哪些物品適合放在玄關。

### ★ 常態擺在玄關的物品

　　全家人於各個季節使用的鞋子、雨傘等。

### ★ 出門時需要帶的物品

　　帽子、戶外用品（草蓆墊、手帕、小孩玩沙堆的玩具等等）、運動用品、鑰匙、香水等。

### ★ 其他適合放在玄關的東西

　　信件置放盒、工具、打掃用品、嬰兒車、腳踏車。

### ⊙ 如何管理較為妥當？

### ★ 鞋子簡單整理法

　　因為收納全家人的鞋子，所以不容易整齊管理。鞋子除了有各色各樣的種類與數量，還得依照時期做區別，增加整理難度。不過，只要以季節、使用者、用途這三項原則來分類，就可以簡單解決。

### ★ 使用適當的收納置物用品來擴大空間

　　近期蓋的公寓中，將玄關設計變大了，不過，在目前大多數人居住的舊建築裡，玄關卻是窄到連放個鞋櫃也成問題。正因為玄關可收納的空間比家裡其他地方都還要小，所以必須使用適當的容器才能存放很多物品。此時利用鞋架或紙箱等方式來分割空間，即可增加利用範圍。

### ⊙ 按照功能來整理玄關

　　在玄關掛幅畫或擺放嬰幼兒用板凳，在增加美感的同時也能增加收納空間。

玄關決定家庭的第一印象，所以在玄關掛幅漂亮的畫，可以讓進出的人欣賞藝術品。

在玄關擺一張板凳，可以有效利用空間，例如收納孩子的學校用品或鞋子等。常穿的鞋子或拖鞋，就利用上下層空間來擺放，這樣比直接置放在地板上更好。這種小板凳，十分方便在出門前用來幫小孩穿鞋子。

# Case 1.

**玄關**

與雜物的戰爭
## 被各式雜物占據的玄關整理法

　　剛上國小五年級的老大，在嬰幼兒時用過的玩具、嬰兒車，以及後來的補習班包包、運動用品、學校雜物全都混在一起，因此，每當小孩要去補習或尋找學校用品時，都得翻遍整個玄關。鞋子凌亂地堆在一起、壞掉的雨傘與不再使用的東西霸占著玄關空間。雖然外觀上看起來還可以，但因為孩子的補習包包或玩具混成一團，也沒有妥善利用收納空間，所以每次拿東西出來都很困難。

抽屜裡的東西沒有秩序，也無法知道那裡有什麼。

無法放進鞋櫃裡的鞋子，在玄關裡排隊。

## | 診斷 |

這間房子的玄關算很大,但是由於擺放的東西太多而造成問題,也讓玄關失去了原本的功能,淪為堆置不使用東西的倉庫。針對這點,決定先將不使用的東西分類及扔掉,然後再依照用途整理剩下的東西。

## | 顧問計劃 |

還記得T.P.O.原則嗎?建立整理計劃的時候利用該原則,可以更方便、迅速地達成目標。現在就開始吧!

 一天當中最頻繁使用玄關的時間,就是外出上學、上班的早上,與下課、下班回家的傍晚。早上是出門到公司或學校的時間,所以急急忙忙地拿東西出門,因此就以這一點作為整理玄關所需之物的考量。諸如:房子鑰匙、車子鑰匙、帽子、孩子的鞋帶、腳踏車及運動用品等,將這些臨出門前可以順手拿的東西擺在玄關,就算趕時間也不會忘記帶,對於外出的準備很有幫助。

 大部分的家庭會在玄關處置放鞋子。鞋櫃裡,除了鞋子之外,有時也放著打掃用品或其他工具,但請注意最好只放絕對需要的東西,不要雜七雜八將不常用的雜物也一起放。雖然玄關是全家人都會經過進出的地方,但不會在此逗留很久,若不留心,很容易就將各種雜物堆在這兒。切記!僅僅放置最需要的東西就好!

 玄關的目的為何?玄關是迎接進家門的人、歡送出門的人的空間。現今社會大家與鄰居之間的往來不多,玄關更是成為自家人專屬的空間,大部分的人也將玄關視為收納鞋子或存放工具的地方。我想請大家記住一點,整理的核心是用途與功能!隨著時代變化,玄關的功能也在改變,因此在整理工作上也要隨之因應。這次顧問服務最主要的目標,是幫助客戶規劃整理家裡常用的物品,並且使其能夠維持玄關的整齊狀態。

Let's try!

抓到了大方向,那麼就開始建立細部計劃。接著我要介紹將混亂的玄關整理乾淨的方法了,讓各位夫妻們頭痛的玄關,馬上來動手整理吧!

Solution
整理方案

## 1. 雜物就是最大的問題

　　將不再使用與不需要的東西分類後，這些雜物可以選擇扔掉或是捐贈。老大已不使用、想要丟掉的幼兒期玩具、不再穿的衣服與鞋子，以及過時的舊皮鞋等，全都得放手丟了。別覺得捨不得！不需要的東西只不過是堆在家裡的垃圾罷了。

## 2. 按照時間與用途重新分類

　　清理完之後，將剩下的東西按照「何時用」與「如何用」來重新分類。

　　把老大帶去補習的包包、學校用品、運動用品等，先按照用途分類再擺放，以便攜帶出門。在鞋櫃裡，除了鞋子以外，只放有需要的打掃用品與工具。

## 3. 只要記住三個步驟，就能輕易完成的鞋子整理法

　　非常簡單又容易的鞋子整理法！

　　先按照季節、使用者、用途分類之後再收納，咻～～一下就整理完成。

按照季節分類。　➡　按照使用者分類。　➡　按照用途分類。

## After

將鞋子依用途、使用者、季節來分類之後，就利用並排式鞋架與重疊式鞋架來收納。此時，若能將鞋子以鞋頭朝外的方式收納，看起來會更整齊！大部分的人為了方便拿取，都以腳跟朝外的方式收納，但是這樣一來就很難分辨是哪雙鞋子；如果改以鞋頭朝外的方式置放，即使在匆忙外出時，也很容易找到想穿的鞋子。不過，對於鞋子數量不多、每天穿同一雙鞋子的人來說，以腳跟朝外的方式收納，則可以便於拿取。請記得整理的原則就是講求方便、簡單地使用！先考慮哪一種方式適合自己，並依此決定方式就行了。

①使用鞋架或鞋箱等收納置物用品，將鞋子疊為兩層置放以收納更多鞋子。特別是鞋型嬌小的休閒鞋類最適合這種方式。

②鞋子數量很多，就將鞋頭朝外擺放；鞋子數量不多，就將鞋跟朝外來整理。不必硬是按照別人提出的收納法，請依照自己的狀況來整理！

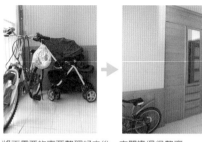

將不需要的東西整理好之後，玄關變得很整齊。

③將分類好的鞋子放入鞋櫃前，在鞋櫃層板上先鋪上報紙，可以預防潮濕也有助於去除臭味，往後打掃時只要替換報紙就好，增加整理的便利性。

**Info** 在這裡使用了哪些收納置物用品？（請參考第138頁的詳細

❶層疊式鞋架　　❷並排式鞋架　　❸S形掛鉤　　❹Z形鞋

# # 將空間變爲兩倍大的收納撇步

## 1. 利用收納工具擴大可用空間

● 鞋架

　　利用各種款式的鞋架，除了可以維持鞋子的形狀，也能提高收納效率。請按照用途來使用不同種類的鞋架。

　　左邊的並排式鞋架，可以把一雙鞋子擺放在同一面上；右邊的重疊式鞋架，則是將一雙鞋子分爲上下收納。

● Z形鞋架

　　若收納空間不夠或是想要增加皮鞋的收納量，Z形鞋架就是很方便的工具。Z形鞋架能讓狹窄的空間裡收納很多鞋子，而且由於鞋架本身體積小，更有助於在小空間中使用。

　　Z形鞋架的上下部分是按照鞋子的形狀來製作的，因此可以維持皮鞋的外形。

使用空箱做收納容器！

利用同樣大小的空箱，可以將室內用鞋或拖鞋，以鞋底互相對著、直立擺放方式收納。直立著的收納遠比平放著要更有效地利用空間。

1　在箱面上取大約比鞋子的長度短一點的位置，以美工刀劃線，再將箱面由切線處向內摺，做出堅固的箱子。

2　在箱子外面糊上表紙，使外觀更整齊。將箱子打洞以方便抓握。請注意，若以膠水在箱面貼表紙，可能會讓紙張起皺摺。

**完成!**

3　將鞋子放進箱子裡後，收入鞋櫃裡。

**完成!**

1　將鞋盒蓋上盒蓋，然後將盒子的一面切開。

2　將切開的部分向內凹摺，並用膠帶將切面處理得更乾淨。

## 2. 各種大小鞋子的整理方法

• 孩子的鞋子整理法

　　將孩子的鞋子放在夾鍊袋裡，立起來置於籃子裡收納，可以省下很多空間。

　　一個籃子裡只放拖鞋、涼鞋、運動鞋等單一種類的鞋子，以便在需要的時候能容易找到。

　　若有像幼兒鞋的小型鞋子，將鞋底互相對著，立起來放在牛奶盒裡收納，有利於增加空間。將牛奶盒的上面部分切掉並且陰乾，能用來當作收納置物用品。

• 靴子與雨鞋整理法

　　由於靴子類的長度很長，很難與一般鞋子一起收納，而且也很容易倒下，而倒下的靴子要是一直在地板上摩擦，也會損傷皮革表面，因此最好要直立起來保管。

　　在A4規格的直立式檔案盒裡，將靴子疊放收納，可以達到以單隻靴子的空間來放一雙靴子，增加可用空間。此外，保管靴子的時候，將報紙捲起用膠帶固定後，插在靴筒裡，既可以當作鞋撐又可預防潮濕或惡臭。

### 做鞋撐的各種方法

**1. 用報紙與絲襪做鞋撐**

用舊絲襪與報紙來做鞋撐，適合有較大靴筒的毛靴類。

1　測量靴子的長度後，將報紙塞在絲襪裡，直到符合靴子的長度為止。

**完成!**

2　將塞滿報紙的絲襪上端綁起來，放入靴子裡。

**2. 用硬板紙做鞋撐**

將硬板紙捲起來之後放進靴子裡頭，可以讓靴子固定立起，以便保管。若沒有硬板紙，也可以利用捲起來的報紙或舊雜誌（頁數不多的週刊雜誌為佳）。

1　將硬板紙按照靴筒的大小捲起來之後，用膠帶固定住。

**完成!**

2　將做成捲筒的鞋撐插進靴子裡立起來，做出靴子的形狀。

## 3. 各種雜物的整理

• 運動用品與打掃工具的存放

為了容易看到裡面有什麼東西，先摺疊之後再立起來收納。

大型球以各自一格空間置放。

• 其他用品的保管

鞋櫃旁邊收納空間裡的桿子上，掛著S形掛鉤，能吊掛羽毛球拍、跳繩、戶外用草蓆墊等東西，在這些物品後面再掛上長雨傘來收納；打掃用品也用S形掛鉤來整理存放；跳繩之類的物品，就放進雨傘袋子來收納，看起來更為整齊。

## 4. 利用多餘角落空間的收納法

• 利用鞋櫃門的收納法

開始整理之前，在鞋櫃的抽屜裡發現有鴨子形狀的掛鉤，原本是固定於鞋櫃內側的門上，現在剛好可以用來掛鞋拔。

此外，在鞋櫃門的內側黏上毛巾架，可以將較輕的拖鞋插上，或是作為室內用鞋的收納方法。

• 其他剩餘空間也要有效利用

將玄關裡多出來的剩餘空間再運用得更有效率和美觀。在玄關放上一把小長椅，下面擺著每天要穿的鞋子，上面可以放孩子去補習的包包，看起來很整齊、用起來也很方便！

保管球類的各種方法

利用不再使用的髮箍做成球架，可以固定球又很整齊！

我發現，將除濕劑的盒蓋翻過來把球放在上面，可以防止球四處滾動。能找到適合各種狀況的自家獨門收納法，也是一種樂趣！

# Case 2.

**玄關**

脫離狹窄的玄關
## 沒有鞋櫃小玄關的雙倍利用法

## Before

　　這是一間17坪的公寓房子，是一位二十幾歲的女性獨自居住。這間房子沒有玄關的設計也沒有鞋櫃，所以在玄關的空間無法發揮該有的功能；屋內以書架代替鞋櫃，但是由於隔板之間的距離太大，所以不能恰當地利用空間。此外，隨處置放的各種雜物，也讓進出家門時感到不便。

照片中可以看見，鞋子、雨傘及其他各種東西，沒有一樣是放在該放的位置。

看到層疊的箱子和掛著雨傘的掛鉤，就知道曾經為了有效收納東西而努力，但是沒有建立系統，以致成效不佳。

狹窄的玄關裡，到處都是未經整理的各種雜物及鞋子，讓環境變得很凌亂。

## | 診斷 |

現在的房子大多在設計中已具備一定的收納空間，然而，舊式的房子並非如此，常常連個像樣的鞋櫃都沒有。在狹小的玄關裡沒有鞋櫃，因此我這位客戶把不再使用的書架當成鞋子收納櫃；書架是為了收納書本設計的，所以不適合用來擺放鞋子，也無法恰當利用空間。另外，在書架旁邊隨便掛著的雨傘，顯示各種雜物因都沒有各自的收納位置，因此擺放得很沒有秩序。這些都是因為未能確立出收納空間，造成無秩序的狀態和使用上的不便。

## | 顧問計劃 |

為了將狹窄的空間有效利用，按照T.P.O.原則來建立整理計劃。不要因為玄關很小、沒有鞋櫃，就馬上購買家具。我們從現有的家具中，來整理出最大的可用空間。

**T** Time 這名二十幾歲的女性客戶是個忙碌的上班族，為了減少動線、節省早上出門的預備時間，我們把出門時所需的物品都整理放在玄關。將香水、項鍊、耳環這些飾品放在玄關，可以避免出門前忘記戴上。再次提醒你，整理時一定得考慮使用者的動線！

**P** Place 為了有效利用空間，使用鞋架來分隔與增加書架裡的空間，並且將不常穿的鞋子收入鞋盒。想要將狹窄的空間加倍的利用，重點就是要盡量利用現有的收納空間！細心整理，避免浪費空間。

**O** Object 按照客戶的要求，為有效收納鞋子做規劃，同時也安排各種雜物該放的地方。為了收納鞋子，我以狹窄空間的最大利用效率方案為主要考量，也採用各種收納工具來提高空間的效用；除此之外，也為客戶家裡玄關的使用目的與用途，重新構思了整理方法，好讓任意擺放的雨傘與各種雜物都能各就各位。

應該有很多讀者為了家裡小到連玄關都放不下鞋櫃而苦惱吧，大家都抱怨鞋子與其他林林總總的東西整理起來真不容易。現在我們就來解決這些人的困擾吧！

## 1. 只收納有需要的物品

為了仔細、有效率收納所有的東西，只能擺放基本數量的物品，所以是不是就不該再保留不使用或不需要的東西呢？

先捨棄不需要的東西來騰出空間，再拿現在需要使用的東西來置放整理。

## 2. 為了爭取更多空間，必須懂得捨棄

為了適當利用原本狹窄的空間，要很仔細地將物品置入剩餘的空間，但若將所有的空隙都塞得滿滿的，會使原來的小空間顯得更小。

若是確實力行該填補的地方就填補、該空出來的地方就空出來，這套捨棄哲學可以幫助你將小空間變為更大容積的利用。先放下貪心才能抓住更多東西的哲理，在整理上也是行得通的。

## 3. 利用現有的東西

原本很小的房子裡再添購家具，只會塞滿空間，導致有限的空間變得更狹窄，我建議，將原有的家具以分割上下空間的方式來收納東西。你也不妨想想怎樣可以讓空間利用得更好。

玄關是連接房子內外的通道，無論出門或回家都得通過玄關，這裡也是出門前可以再次檢視自己樣貌的空間。

在整理規劃上，最好將早上匆忙出門時有可能遺漏攜帶的物品（如鑰匙、飾品、雨傘等等）擺放在此，因此我幫客戶安排了放雨傘與鞋子的地方，也做出臨出門前可以佩戴飾品的收納空間。

在配電箱的門上，可以貼上大小相當的圖畫來增添美感，當然也可以利用明信片或月曆上的名畫來裝飾。

另外以插著水生植物的試管來增加玄關的活力，只要加水就好的種植方式，既不會占用很多空間又方便照顧。

在玄關一側的牆上掛鏡子，讓空間看起來更大。當出門上班前，也可以再次確認自己的樣貌。

### Info 在這裡使用了哪些收納置物用品？
（請參考第138頁的詳細說明）

❶ 有小格子的巧克力盒

❷ 有隔間的盒子

❸ 合板

# #將空間變爲兩倍大的收納撇步

## 1. 利用收納工具擴大可用空間

• 鞋架

在原本不適用置放鞋子的書架上，放入可以分割空間的鞋架，讓更多鞋子能夠收納進去。

---

使用合板來製作適合鞋子大小隔間的方法

用合板做出兩個「ㄈ」形隔間，放在鞋子收納櫃旁邊的剩餘空間，可以用來整理長筒的靴子。

排列家具時，最好的方法是將家具高度平均化，製作「ㄈ」形隔間的時候，也請考慮旁邊鞋子收納櫃的高度。

1　在合板上描繪適合鞋子大小的四方形，之後依描線裁出形狀（四方形板子的大小要稍大於鞋底）。

2　按照鞋子的高度，裁出左右兩側的兩張板子。

3　用螺絲起子將板子組合成「ㄈ」形。

完成！

---

• 以有隔間的盒子收納小東西

吃完巧克力後，剩下的空盒可以用來當作存放耳環與手鐲的漂亮收納盒。

不必特地購買收納置物用品，又可以充分利用家裡的東西，所以在丟棄資源回收垃圾之前，請再多想一下。但是，千萬不要因爲認爲「以後可能會用到」，就拿回來堆放著，最好將這些容器立刻利用爲收納置物用品。

為了收納長雨傘，將保特瓶用魔鬼沾黏附在牆腳下。魔鬼沾可以黏住重量輕的保特瓶，同時又能防止雨傘流下的雨水弄濕地板，相當方便。

## 2. 仔細善用小空隙的收納法

切去上半部的牛奶紙盒或保特瓶,適合用來收納小雜物。

不再使用的花盆可以用來收納雨傘。在裡面置放兩段式雨傘,既美觀又便利。

為了善用最下層的小空間,可以將幾乎沒有鞋跟的拖鞋塞入,就可以相當整齊的收好拖鞋。

## 3.納入動線考量的收納法

若是考慮到生活動線,便可將玄關整理出能擺放飾品與香水的位置。在玄關,只要一轉身就可以看見對面掛著的鏡子,確認飾品是否佩戴妥當。

鞋櫃的上方有掛鉤,用來保管各種鑰匙。

冬天常用的手套放在鞋櫃上方的籃子裡,出門前可以拿了就走。

### 利用合板與鐵架的收納空間
在鞋子收納櫃上擺一座鐵架,在鐵架上擺張合板以增加使用空間。

1 鐵架的高度要高於鞋子。

完成!

2 將合板切成略窄於鐵架的寬度,之後將合板擺在鐵架上。

## 4.不常用的東西要藏起來

雖然鞋子要放在容易看見的地方,才方便拿出來穿,但是若將太多鞋子暴露在外面,就容易顯得凌亂。請挑出不適用於當季的鞋子、偶爾穿幾次的鞋子另外收起來。

我在這兒使用了盒子來收拾不常穿的鞋子。先將鞋子放進盒內,貼上內容物標籤,方便從外觀上辨認;如果有購買鞋子時附帶的鞋盒,也可以直接利用。

客廳是全家人聚集與溝通之處,是家人一起聊天、看看電視、時而一起用餐的互動空間。因為這裡是全部人一起使用的空間,所以整理客廳的原則就是收納家人共同使用的東西。相異於其他以工作為主的空間,客廳還具有另一個用途,就是休息與充電,因此,倘若擺設太多東西在客廳裡,家庭成員便無法好好在客廳休息、補充能量。

# Part

## 空間 & 分析

客廳

重建空間秩序，
讓客廳成為家人團聚的溫馨空間

## 客廳整理訣竅之預備篇

### ⊙ 適合收納於客廳的東西

　　客廳是全家人一起生活的空間，所以最好只放置共同使用的物品。

★電視、DVD播放機、音響、冷氣等家電用品的遙控器，得要收拾放在一起。

★CD、書本、娛樂用品、雜誌等，家人休閒生活需要的物品。

★將緊急藥品、針線、家電說明書等，收在客廳裡統一保管，可以讓全家人方便拿取使用。

### ⊙ 先考慮家人的使用目的，再進行客廳整理

　　大部分的人將客廳當作休息或休閒活動的空間，但是也有越來越多家庭配合家人的需求，把客廳變成孩子的遊戲、學習，或讀書空間。如果將客廳整理成適合家人使用目的的空間，客廳也會變得更多樣化。

　　若客廳裡擺著電視，家人可能只會看電視，不會聚在一起對話。此外，隨著孩子漸漸長大書籍也會增加，過多的書籍通常無法全部放在書房裡，這時候如果能把客廳轉換當作書房，一來因為比家中其他空間都更大，很適合置放藏書，二來客廳就成為孩子看書、念書的空間。最近還有些家庭在客廳裡設計了全牆面式的書架，用最中間的格子擺放電視，當作電視收納櫃。

### ⊙ 給每件物品固定的位置

　　由於在客廳存放了全家人共同使用的物品，在不斷累積之下，這些物品的數量當然會很多。物品數量多的時候，設計固定位置來擺放會讓整理更方便。請按照物品的用途，規劃出固定擺放的位置。

　　萬一規劃了物品的位置卻依然無法好好整理，那麼很可能是物品歸回原位的方式上出了問題。比如說計劃好的歸放位置離使用地點較遠，除了造成使用上的不便，也會嫌使用後歸回原位麻煩，當然很難維持原來的狀態。因此，規劃物品擺放的位置時，最好得先考慮動線因素。

## Case 3.

**客廳**

變成有模有樣的客廳
### 居住環境大糾正，進行有秩序的整理

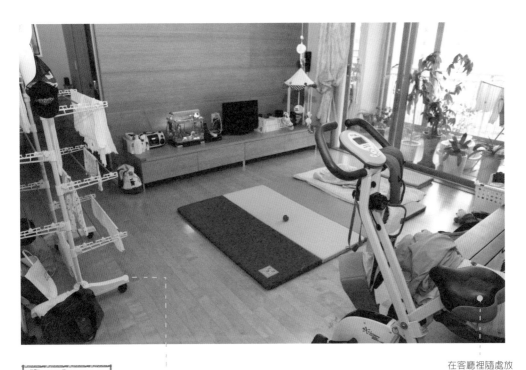

在客廳裡隨處放
著衣服、包包、
運動器材等。

## Before

　　這次的客戶是個有五位成員的家庭。家裡雖然有臥房、廚房、餐桌與書房，但是全家人無論做什麼事都在客廳，把客廳當成綜合活動空間。換言之，家人們不待在各自的空間裡生活，而是在客廳裡做所有的活動。用餐不在餐桌上，反而都在客廳裡吃飯、上國小的兩兄弟在客廳寫功課、媽媽也在客廳照顧六個月大的老么。像這樣將用餐、休息、學習、遊戲全都放在同一個空間裡，導致居住環境失去該有的秩序，讓客廳的氣氛混亂；還有，因為客廳裡有太多活動，所以四處可見不該放在客廳的東西。

客廳裡立著原
本該放在陽台
上的晾衣架，
空間因而變得
更小。

## | 診斷 |

這家客廳的用途相當多。雖然一家子都在客廳活動有助於家人間的團結，然而各種東西都擠在客廳裡，也使得這個空間很雜亂。孩子的書本、文具用品、玩具、老么的尿布、嬰兒服等育兒用品，所有人的東西毫無秩序地擠在同一個空間，連晾衣架與運動器材也來插一腳。客廳整體上看來真是又小又擠。

## | 顧問計劃 |

整體居住環境秩序的破壞，要歸咎於用餐、遊戲、休息與學習等活動都在這個空間裡進行。因此，我將這家客廳的整理重點，設定為重新建立空間秩序與系統。

國小高年級的老大，屬於慢慢開始獨立並需要個人專屬空間的時期，不過這孩子所有的活動仍然在客廳裡與媽媽一起進行，這麼做也許對母子關係或家庭成員感情融洽有益，可是卻也妨礙孩子學會自律。

開始整理前，應該先思考自己與家人正處於哪個人生階段，依此來調整整理系統，才會為每一位家人帶來正面的影響。

無論是客廳還是其他環境，整理時都必須考慮現在與將來！評估「在一天當中，什麼時候最大量使用某個空間？」是一項不可或缺的考量要件，同時，也請記住要按照季節、年度、人生階段來適當規劃空間。

雖然近來很多家庭將客廳改成讀書或學習的空間，藉以營造全家一起學習的氣氛，不過一般來講，客廳依然算是家人的休息空間。要動手整理客廳，也需要採納每個家庭成員的意見，在參與整理客廳的討論中，每個人都能表達出自己的想法、互相了解各自的生活習慣與喜好。如此一來，全家人因為一起整理客廳而增加了團結向心力，豈不更好？

第一步，鼓勵老大待在自己的空間裡學習與玩遊戲。將兩兄弟的玩具與學習材料都搬回孩子的房間，不要再放在客廳；另外，也讓媽媽與嬰兒老么回到臥房裡生活。把每個人的活動領域先分開，再來建立整理系統，這樣客廳才能只放置有需要的東西。

現在就來對毫無秩序的客廳下手吧！先將思考重點與客廳的用途規劃為全家人休息的空間，接著開始建立整體居住環境的系統。

## 1. 以分類與清理進行書架整理

　　除了該放在書架上的東西以外，其他東西全部都搬回原來的地方，同時也清掉不需要的雜物。以書架的最下層放置第二個孩子的幼兒圖書，並在書架旁以可以疊放的收納籃來裝孩子的玩具，把可以使用的空間變成兩、三倍大。

　　整理書架時應該注意一點，別把所有空間都塞滿東西，僅放到八成滿就好，才方便將物品拿出來使用，也為將來要放入的書本預留空間。

## 2. 幫東西找位置，讓雜物搬家

　　把晾衣架移到充滿陽光的前陽台。幾乎都是爸爸在使用的運動器材，就搬去爸爸的房間。利用沙發底下的空間裡放入一個收納盒，除了能讓整體空間顯得又乾淨又大，對於開始趴在地板上學爬的孩子也很安全。當家裡有幼齡孩子的時候，與其注重收納的美觀，更應該先考慮孩子的安全與實用性。

## 3. 「購買新品」不如「再次利用」

　　我在提供顧問服務時，幾乎都盡量使用家裡已有的容器，或可以再利用的箱子與購物袋。一般人往往為了更乾淨、更方便的整理而購買收納用品，但是卻經常適得其反，變成更多東西要處理。因此在採購之前，請務必牢記整理的目的！

# After

　　為了讓全家人能舒適休息，而將每個人的活動領域做區分，並且用收納盒整理休閒書籍與孩子的玩具。至於家裡每個人都有可能會用到的家電使用說明書、各種文件、常備藥品、小型家電用品等，就先加以分類後再放入客廳的抽屜櫃裡。

利用沙發底下的空間來放置玩具籃。

**Info** 在這裡使用了哪些收納置物用品？
（請參考第138、139頁的詳細說明）

將書架整理乾淨，讓客廳變成書房。

❶ 遙控器收納盒

❷ 皮革收納盒

❸ 文件夾

# # 將空間變為兩倍大的收納撇步

## 1. 空隙也要充分利用為收納空間

● 使用簡便的收納用品

用一個新買的收納籃來收拾育兒用品，另一個則放孩子的玩具。這種附有輪子的收納籃很方便移動，而且拆下輪子後還可以疊起來放。

Tip：購買收納用品時，將現有的家具與壁紙的顏色也一併做考量，看看是想要達到讓風格看起來更統一，還是想增加裝飾的效果。這麼一來可以讓客廳在整理之後變得更美觀。

● 利用沙發底下的空間來放置盒

將繩子穿在空盒的側邊做把手，然後放在沙發底下當收納置物盒。利用回收的東西變身成收納用品，既環保、善用空間還減少了開銷，有「一石三鳥」的好處！

## 2.共用生活用品的整理方法

在客廳的收納櫃裡，可以存放全家人都會用到的物品。

● 全家人一起共用的文具與其他用品

在客廳抽屜櫃裡存放家人共用的文具品，可以讓大家方便取用。收納遊戲用品（疊疊樂、撲克牌等）、按摩器、小家電用品、電池等物品時，在此，我使用了有隔間的收納用品來置放，同時也給每樣物品固定的位置。

利用空盒、飲料瓶、礦泉水瓶等等，可以做出有隔間的收納盒。

我用小盒子來裝圓珠筆、彩妝試用品等容易傾倒的小東西。這些細細長長的小盒子，可以依不同種類分別收納。

- 各種常備藥品的保管

　　每個家庭都有緊急備用藥品，這些藥品最好要放在固定的地方。在全家公用的客廳裡放常備藥品，緊急需要時任何人都容易找著。

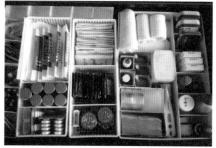

- 收藏家人一起聆聽的CD

　　將常聽的CD匯集起來放在固定的地方。如果就放在音響旁邊，也是個不錯的位置。

- 報紙與雜誌

　　家人一起閱覽的雜誌、報紙、書籍等，可以收在沙發、茶几，或小抽屜櫃等的旁邊。

- 小家電

　　將小家電放入夾鍊袋裡，並在袋子外面註明品名。然後以下方照片所示的方式直立置放保管。這樣在外觀上看起來很整齊，當需要的時候也可以馬上找到。

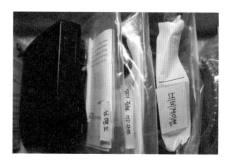

　　利用鐵環與綁麵包袋的細鐵絲紮帶，將手機充電線與各種家電的電源線綑紮整齊，就不必擔心電線相互纏繞糾結。同樣的，耳機或其他各種連接線也可以用這樣的方式整理。

## 3. 使用說明書與重要文件

### • 各種家電的使用說明書

將各種家電的使用說明書放在夾鍊袋裡，存放於客廳的抽屜櫃。倘若將說明書再細分為住宅房屋相關的、廚房用品的、手機的等等，需要時就可以立刻找出來。

在產品使用說明書的封面上，要是能標寫該產品購買的年、月、日則更佳。另外，內頁有透明膠套的檔案夾也非常適合用來保管不同種類的使用說明書。一旦有不再使用的產品，其說明書就應該丟棄處理。

### • 家人的各種重要文件

與家人保險相關的資料或其他重要文件，依個人做分類後，可以收在風琴式檔案夾裡。此時需根據裡面保管的文件種類，逐一貼上適當的名條標籤；以文件內容來分類的，就貼文件種類的標籤，按個人來分類的，就貼上家人的名字。

## 4. 收拾形狀與大小不一的遙控器

遙控器多到滿地都是，但在需要時卻偏偏找不到，既然如此，將全部的遙控器都放在同一個地方就很方便了。這個統一存放的地方就是遙控器的家！

如果家裡有數個遙控器，可以用市面上販售的遙控器盒來收納，直接放在沙發旁邊是很方便使用的位置。

我們也可以拿漂亮的小籃子來收納遙控器，整籃收好擺在客廳茶几或沙發等全家習慣放遙控器的地方。

家中的廚房應該是物品種類與數量最多的地方，因此對廚房整理感到困難的人也特別多，而不知該從何處著手整理的狀況，更讓人在尚未開始整理即已經感到一片茫然。其實，令人感到無助的廚房整理，只要能謹記整理的基本原則，就不會太困難。

# 4

## Part

# 空間 & 分析

廚房

了解使用動線，讓廚房整理更容易！

## 廚房整理訣竅之預備篇

### ⊙ 將所需要的物品集合收納

■ 區分類別（食品／烹飪器材／碗盤／雜貨／密閉容器）。

■ 將密閉容器層層疊放，蓋子統一另外放置於別處。

### ⊙ 物品的位置一覽無遺

■ 使用籃子或盒子規劃出固定的位置（記得貼上內容物標籤）。

■ 依使用頻率與大小決定收納位置。將較重的碗盤收在碗櫥的底層、將較輕的碗盤放碗櫥的上層，經常使用的鍋子與平底鍋則放在冰箱與瓦斯爐附近。

### ⊙ 利用收納置物用品

■ 將東西藏起來。

■ 使用旋轉式收納架、小型收納架、壁掛式層板等。

■ 鍋子與盤子存放於移動式小型收納架。

■ 食品儲存在透明四方形密閉容器。

### ⊙ 定期整理

■ 定期檢查食品（3個月／6個月）。

■ 連續12～18個月都未使用過的東西應該丟棄。

■ 進行庫存調查。每當購物之後，隨即記錄於庫存調查表上，並將庫存調查表上列出的物品做定期檢查與修改紀錄。冰箱尤其要經常檢查。

■ 決定上限：別被1+1的促銷花招哄騙。如果有不需要的東西，就捐贈出去吧。

■ 建立習慣：培養整理習慣，定下每天花十分鐘時間來進行整理。

廚房的象徵，流理台

# 先了解動線讓廚房整理變得更容易

籃子、碗盤、鍋子全部都混雜放在一起，導致需要時不易取用。

## Before

　　這次的客戶是雙薪家庭的太太，夫妻倆每天待在公司比在家裡的時間更多。由於兩人都各自為工作忙碌，所以常常叫外送或是在外面吃飯。此外，太太本身對料理不是很感興趣，所以也沒空多關心整理廚房。由於懷孕後申請休假，因此在家裡的時間變多，自己下廚的機會開始多了；進廚房的次數增加，自然也關心起廚房的整理，但是卻很苦惱不知該從哪裡著手，也不太懂怎麼整理，所以找上了整理顧問來幫忙。廚房整理的困擾不是只有這個家庭才會遇到，絕大多數的雙薪家庭應該都會有這些問題。

各種東西沒有依大小與用途整理，毫無秩序地收在一起。

## | 診斷 |

這家人一直以來很少下廚做菜，所以與其他家庭相比，廚房用品並不算多。雖然東西數量很少，但是沒有按照動線來整理，一旦要使用的時候絕對很不方便。這次整理顧問服務的重點就放在掌握動線！

在各個角落都有點不太乾淨的廚房，發現有一大堆用不到的雜物丟在流理台抽屜裡，使得新買的東西無法放進去，因此，新的廚房用品都放在餐桌或層板上。整體上看來相當亂，也無法立刻找到要用的物品。

## | 顧問計劃 |

一般家庭的廚房應該都是這樣吧，即使在外觀上看起來很整齊，不過仔細看看裡面，就會發現有太多需要重新整頓的地方，這些到底要怎麼辦呢？令人不知該從何下手整理的廚房，就跟著我一步一步來吧！

廚房是365天、每日都在使用的空間。雖然每逢用餐時間前後，廚房工作會變得忙碌，但是廚房的規劃

整理，通常是不太受時間與季節影響的，無論什麼時候，廚房應該要乾乾淨淨的才對。如果不能將廚房有次序地整理好，會造成使用上極大的不便；這家的廚房長久以來從未有過整理概念，也沒有思考過動線，因此我決定要幫助他們掌握動線，好讓烹飪更順手。

廚房裡平常都存放著食物或烹飪器材，要整理這些烹飪相關用品，讓許多家庭主婦感到很頭大。然而，只要在開始前先建立幾項原則與藍圖，就沒那麼困難了。我幫助客戶依照廚房用品的特性、用途與使用頻率先做分類，好讓接下來的整理更順暢且有系統。

在廚房裡進行最多的兩件事，就是烹飪和用餐。為了同時滿足烹飪與用餐這兩個目的，要將廚房用品按照動線來整理，並且好好儲存食材。

按照廚房裡的動線來整理。請切記，要是你只依賴本書所介紹的動線，不將自己習慣的動線納入考慮，這種規劃只會導致日後手忙腳亂！

## 1. 一切都從分類開始

先將所有的東西從流理台與收納櫃裡拿出來，將灰塵擦乾淨後，再按照需要與不需要的原則來分類東西。除了需要的東西以外，其他的全部都丟棄處理或轉送給需要的人。像廚房這類有很多東西的空間，在整理時要掌握的重要關鍵，就是依照用途與使用頻率來進行分類。

## 2. 考慮動線來收納

### ①考慮是什麼時候要用的東西

在思考廚房動線的同時，也要考慮物品的使用頻率。先由最常使用的瓦斯爐與水槽的周圍整理起，其他剩下的就簡單了。將與火有關的平底鍋、鍋子、調味料等，收納於瓦斯爐附近，與水有關的大碗、籃子等等，就收納在水槽的周圍。

與水有關的用品——
大碗與籃子

與火有關的用品——
平底鍋與鍋子

### ②洗滌─準備─烹調

只要按照正常做菜的程序來收納物品就行了。將材料洗滌後（水槽），要切或拌（流理台）。接著在瓦斯爐上烹煮（瓦斯爐檯）。像這樣順著廚房裡的動線（水槽─流理台─瓦斯爐檯），會對整理更有幫助。

① 洗滌 ➜ ② 準備 ➜ ③ 烹調
〈水槽〉　〈流理台〉　〈瓦斯爐檯〉

# After

整理廚房比整理家裡其他空間更需要考慮動線要素。對於在廚房待上很長時間的人（大部分應該是家庭主婦）來說，整理重點要放在盡量減少不必要的動作。除了動線以外，水槽與流理台的高度也要按照使用者的身高調整，萬一流理台本身無法調整高度，就用腳墊來做調整，以減少對身體的負擔。

托盤與砧板立放在鐵架上收納，這樣比層疊收納更不佔位置，也能提高空間利用效率。

**Info** **在這裡使用了哪些收納置物用品？**
(請參考第139頁的詳細說明)

❶ 盤架

❷ 綑紮帶

❸ 鐵質層板

# # 將空間變爲兩倍大的收納撇步

在想好動線之後，輪廓已大致規劃完成。接著，馬上開始進行內部整理吧！從流理台到抽屜，一個一個慢慢收拾。

## 1. 流理台上方吊櫃的攻略法

### • 左半部空間

高高懸在流理台上方的櫃子，是最不易伸手拿東西的地方，適合用來收納使用頻率低且重量輕的東西。收在這裡的東西不方便拿到，也不容易被看見，所以要用籃子或盒子來收納，才好一次拿出全部東西。另外，在收納用具上要貼妥內容物標籤，清楚知道放了哪些物品。

最上層：用籃子收納不常使用的小保溫瓶、水瓶、便當盒、重量輕的密閉容器等等，並保留些許多餘空間。

中間層：將不常用的盤子以同類層疊方式來增加收納容量。在盤子與盤子之間記得鋪上防滑墊，以防盤子邊緣部分受損。

最底層：用來保管常用的密閉容器，以便在流理台做菜時，能直接拿出來盛裝並放在冰箱裡或餐桌上。

### • 右半部空間

這裡較接近瓦斯爐，因此用來擺放烹飪時所需的調味料、常喝的綠茶或料理包

等，收納時同樣必須用籃子來分類、儲存。調味料與經常要拿的東西放一起，才能縮短動線。油、醬油、料理米酒、鹽巴、醋等烹飪必用的基本調味料，應該直接收在瓦斯爐附近，使用時才順手。

按照高低次序排列調味料，不僅美觀，使用起來也方便。如果可以用形狀一致的容器，視覺上會更加整齊。

• 中間的空間

　　在這個空間，我使用了雙層收納架與木製盤架來收納常用的碗盤。將常用的大盤子放在木製盤架上，每天都得用的飯碗與湯碗，依同類層疊後，置放在吊櫃的最底層（水槽正上方的位置）。

## 2.水槽下方櫥櫃的攻略法

• 水槽下方的空間整理

　　水槽下方的櫃子裡，由於受到排水管影響造成濕度變化，並不適合收納食品、穀類、電器等等。

　　不過，水槽下方的櫃子若是用來收納與水相關的烹飪器具，與火相關的鍋子與平底鍋，或洗劑等物品就很不錯。此處整理的重點，是將物品一覽無遺地擺放，全部物品都要能看見，需要使用時才方便拿取。

—— 將鍋子按照大小套疊之後，收納於底層（或最底部）。
—— 用直立式檔案匣來收納平底鍋。
—— 將洗劑擺在固定角落才容易取用。

在水槽下方適合存放與水相關的用品（如大碗與鍋子）。濾水籃或大碗等物品按照大小層疊，可以省空間且收納得很整齊。不過要特別注意一點，不要將濾水籃與大碗通通疊在一起，挑出幾樣常用的另外疊放，才能在尋找和取用時更有效率。

**製作大小適用的盒子**
盒子與籃子的大小常常與存放的空間不能搭配。這邊就要教你將紙盒剪裁變成適合大小的方法。

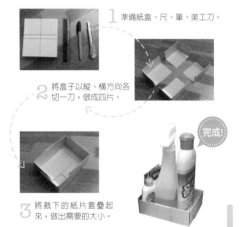

1 準備紙盒、尺、筆、美工刀。

2 將盒子以縱、橫方向各切一刀，做成四片。

完成！

3 將裁下的紙片套疊起來，做出需要的大小。

**• 水槽下方櫃子與瓦斯爐檯下方的整理法**

將平底鍋與蓋子分開，直立放置於較深的籃子收納。這樣的收納遠比將鍋、蓋一起平放的方式更能提高空間利用效率，而且直立式的放置能在需要使用鍋子的時候，更方便拿出來。

**• 流理台下方抽屜的整理法**

我發現很多家庭都不使用這個抽屜，大家普遍覺得不好用。其實，要是能善用這個空間，可以有效地收納很多調味料。

這種抽屜有個問題，每當拉開的時候，時而會發生物品歪歪倒倒的情形，針對這點，我用緞紮帶將抽屜的左右兩邊綁起，分割隔出空間，不但可以給瓶瓶罐罐的調味料固定的位置，同時也不容易傾倒。另外，裁剪牛奶盒的下半部來做成收納調味料容器，同樣能達到預防物品歪斜倒下的效果。

**• 流理台抽屜的整理法**

將物品存放在流理台抽屜裡的時候，請使用籃子來分割抽屜的空間，避免所有物品混雜在一起。不懂得先妥善分割空間，就直接使用櫥子、抽屜，當然很容易變得沒秩序。

雖然市面上有很多用來劃分抽屜空間的產品，但是使用半透明或白色的籃子是更乾淨俐落的選擇。另外，也不妨利用小盒子或牛奶盒來當作隔間。

將塑膠袋摺疊成四方形來收納，不僅不佔空間，每當需要時還可以各別抽取使用。將大小相近的塑膠袋擺在同一排，以便依用途找到適當大小的塑膠袋。

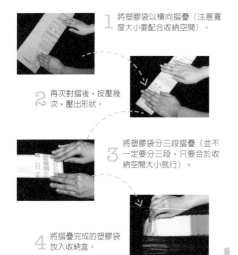

1 將塑膠袋以橫向摺疊（注意寬度大小要配合收納空間）。

2 再次對摺後，按壓幾次，壓出形狀。

3 將塑膠袋分三段摺疊（並不一定要分三段，只要合於收納空間大小就行）。

4 將摺疊完成的塑膠袋放入收納盒。

## 3. 廚房其他空間的完全攻略法

● 利用門的後側

門的後側可以用來收納即時要拿的物品，但是由於開、關門時會不斷地造成擺動，因此在安排收納時也必須考慮安全性。

刀子插在刀套裡，篩子或其他東西以吊掛的方式收納。

將市面上販售的塑膠袋收納盒以掛鉤掛起來。

也可以用網狀洗衣袋來收集塑膠袋。

將廚房裡的小雜物收納於一般視線高度的位置，就容易看見。牙籤、折價券、塑膠袋、夾子等瑣碎的小東西，與其放在抽屜裡，不如直接黏在流理台櫃子的門後，不會占用很多空間還容易找到。

將牙籤盒的上半部切掉，再用雙面膠
將裁好的牙籤盒黏在流理台櫃子的門後，
並且貼上內容物標籤，就可以有條理地收
納小雜物了。

● 烹飪器具的整理方法
　　每天都使用的湯
勺、飯勺、夾子等烹
飪器具，要收納於能
夠即時拿到的地方。
將這些器具集中存放
在流理台附近，以便做
菜時可以馬上拿出來使用。
不過，千萬別將所有器具通通放在一起，
只要擺放常用的幾件烹飪器具就好。

　　將這些烹飪器具掛在瓦斯爐旁邊的牆
壁上，既容易看見，做菜時也容易順手使
用。

冰箱，廚房整理的重頭戲

# 空間利用百分百

## Before

　　這是一般家庭裡常見的雙門式冰箱。從照片裡可以發現，冰箱裡的東西沒有固定位置，也不具一致性，隨便亂放塞得滿滿的。另外，也有不少沒必要的東西，因此冰箱內部的空間已達完全飽和。冰箱裝太滿會導致冷空氣循環不良、難以維持低溫，也會讓壓縮機不斷運作增加電費。

不同大小、形狀、特性的食物，無秩序地堆放在一起。

食物不以容器保存，反而裝在塑膠袋裡整包塞在冰箱門邊的收納架，塑膠袋的上端也露出於層架外。

## | 診斷 |

從各種蔬菜、醃漬品、小菜、水果到穀類等，冰箱收納的種類與分量相當多，收納功能可說是一般人購買冰箱的第一考量。最近上市的冰箱強調具備高效率的空間收納，廣告中不乏可見「智慧型收納」的字眼。這次的客戶，其家中冰箱會變成雜亂不堪的空間，就是因為沒有空間使用的正確觀念，只會把東西一古腦兒放進冰箱所導致的結果。

## | 顧問計劃 |

不少人應該有過這樣的經驗，在冰箱找不到之前吃剩的東西，或是明明有買但是翻遍冰箱就是找不到。此外，是不是也曾發生過，自己想簡單下廚做點東西，但是因為冰箱大部分是媽媽在用，所以只要媽媽不在家，就很難找出放在冰箱的東西呢？冰箱整理的一大重點，就是無論是誰要使用，只要一打開門都可以一眼看清裡面的內容物。還有，由於每樣食物各有不同的有效期限與保存方法，所以放進冰箱前必須要仔細分類。

**T** Time
前面說過，廚房整理不受時間、季節影響，但是，冰箱整理可就不是這樣了。放在冰箱裡的東西都是有「保存期限」的，因此，每次購物後，請參考並使用第26頁的庫存管理表格來加以控管，以免造成食物過期。

**P** Place
冰箱裡的冷空氣循環得好，才能安全保存食物，這是理所當然的。為了讓冷空氣能順暢循環，冰箱裡的空間使用也必須恰當。另外，冰箱有凍結功能的冷凍庫與低溫保存的冷藏室，這兩種空間請記得區別善用。

**O** Object
冰箱最主要的目的為保存東西，避免變質壞掉。多注意有效期限當然很重要，不過，依照各種東西的特性來選擇適合的保存方法，才能保鮮。因此，請先考慮水分含量多寡或乾燥與否等食材特性，再於冰箱中安排適當的位置。

**Let's try!**

冰箱裡有抽屜、層架、門邊的收納架、冷藏室、冷凍庫等各種收納位置。因此，為每種收納位置規劃出適合的空間收納法很重要，此時也得思考冰箱裡的食物和食材，其特性是否符合各個收納空間。

冰箱與家人的健康有直接關係，因此食品必須要能很新鮮地保存。而已經過期的佐料、不知何時放入的冷凍食品，這類該扔的東西就要扔掉。冰箱中存放的各種食物，例如醬料、佐料、食材等，也應該做分類。

小菜類的食品，分為立即要吃的涼拌類與長期保存的醃漬品，並且置於方便拿取與放回的位置。

冰箱裡的空間都是四方形的，因此若使用圓形的收納置物用品，會浪費不小的空間，也無法大量收納。

## 1. 冷凍庫的收納原則

大部分人對冷凍庫的功能有很盲目的認知，以為只要將食物放進去，就永遠萬事無憂。將食物冷凍能夠延長保存時間，不過即使放在冷凍庫，還是會發生氧化現象，所以肉類與海鮮類的保存不得超過三個月。

- 為了使冷空氣循環良好，只能裝滿三分之二的空間。
- 四方形透明食物保存容器的空間利用效率最佳。
- 使用籃子或盒子來分類食物，並且層疊放置，以便一眼就能看見和取用。
- 分裝冷凍時，細分為一次使用量分裝。

## 2. 冷藏室的收納原則

- 選擇透明四方形密閉容器存放於冷藏室。
- 不可以用塑膠袋裝食物後直接放冰箱！
- 將每天要吃的多種小菜放在托盤或籃子，以便可以一次全部取出。
- 找到過期的食物就立刻扔掉。
- 冷藏室不可以全部裝滿。

冷藏室的最上層用來存放果醬、奶油，以及各種醬料。這個位置請盡量避免放置過重不易拿取的物品。

冷藏室中間層用來擺放透明密閉容器，保存每天要吃的各種小菜。小菜一律放在托盤或籃子裡，可以一次拿出全部小菜、減少開關冰箱門的次數，也能防止冰箱內食物味道產生變化。

再下一層是自由空間，就放些需要保存的食物吧。

冷藏室的最下層用來保存醃漬品與各種佐料類。同樣的，這邊也要先做食物分類再收納。

冷凍庫不要裝滿，只裝70～80%的空間才能讓冷空氣循環良好。在收納時，請永遠記得要留一點空間。

以各種大小規格的四方形容器來整理，既衛生又方便尋找東西。

將用途相近的食物放一起，以便一眼看出特性。

**Info** 在這裡使用了哪些收納置物用品？

四方形密閉容器

# # 將空間變爲兩倍大的收納撇步

## 1. 冷凍庫的攻略法

• 冷凍庫門邊收納空間的整理

　　將東西放在門邊的收納空間時，要注意在容器的上方留出一點空間，拿取時才方便。

　　使用透明四方形的容器可以避免浪費空間，雖然，以透明容器盛裝穀類與調味料時，外觀上可以看清楚，不過一旦結霜時，就很難看到內容物，所以記得要在容器外面貼內容物標籤。

　　將不常用的穀類與醬類放在冷凍庫門邊下方的位置，常用的食物置放於容易拿到的中間層。

• 冷凍庫層架的整理

　　一般以平放收納的海苔與魚乾，我將這些東西直立起來收納於冷凍庫的第一層。爲了能放入直立的東西，請先調整層架之間的高度。

　　在冷凍庫使用收納容器時，需挑選大小適合冷凍庫內部的才能善用空間。

　　若找不到適當的收納容器，也可以如照片所示自行製作收納容器。

使用塑膠牛奶桶製作冰箱收納容器

▶ 將1.5公升容量的牛奶桶切成上下各一半，做出收納容器。若沒有牛奶桶，也可以用其他四方形的容器。

▶ 冰箱裡的空間都是四方形，若是使用圓形收納容器會造成空間的浪費。因此以使用四方形收納容器爲宜，才能存放更多東西。

▶ 將食物細分出一次的用量後，以直立置放的方式冷凍保存。

• 冷凍庫抽屜的整理

■ 新鮮度是肉類與海鮮類保存最重要的條件。因此，與其放在冷凍庫層架，倒不如收進冷凍庫的抽屜裡，以免受到開關門溫差的影響。

■ 用籃子或切下的保特瓶做出隔間，並且將食品直立擺放保管。肉類與海鮮類最好細分爲單次使用的分量來保存。

■ 以直立擺放的方式收納，可以很容易找到也方便拿取，還能有效利用冷凍庫的內部空間。

## 2. 冷藏室的攻略法

● 冷藏室門邊收納空間的整理

　　麻油或食用油若存放在冷藏室裡，還不如常溫保管的好，不過尚未開封的麻油則可以冷藏保管。若冷藏室的溫度太低造成麻油凝固成凍狀，只要在常溫下就能恢復為液狀。

┌
│ 如何保管容易傾倒的瓶罐
　將長度較長的盒子對切後，用來收納物品。也可以使用四方形的保特瓶、牛奶桶或紙盒等物品的下半部分。

● 冷藏室層架的整理

　　用籃子能夠很方便地保管小菜或醬料類，此時請不要用太深的籃子，否則會妨礙視線，無法看見裡面放的東西，反而造成使用上不便。

　　不適合放在籃子裡的小型醬料瓶或優酪乳等，利用保特瓶或牛奶桶直立起來存放，除了不會浪費空間，也能有效率地收納。

● 冷藏室抽屜的整理

　　冷藏室裡的抽屜大部分用來保存生鮮食品，所以很適合存放蔬菜或水果。水果的形狀又圓又不均勻，因此與其用硬籃子來收納，還不如使用夾鍊袋或紙袋來裝更好。蘋果或水梨等大型水果則不適合放在籃子裡，這麼一來會產生無法利用的多餘空間。

如以下照片所示，利用紙袋可以很方便收納水果或蔬菜。

1 先確認要放入紙袋的東西高度，再摺疊多餘的部分。（高度的基準點是紙袋的底部）

2 將紙袋上方多餘的部分往紙袋裡面摺進去。

完成!

3 已完成的紙盒裡放置蔬菜、水果等東西，當作冰箱內的收納容器，或放進冰箱抽屜裡，當作隔間用容器。

- 在常溫下容易變軟的堅果類，放入瓶子並貼上內容物標籤，並分類保管。

- 存放蔬菜時，要活用空間來收納。說清楚一點，就是並非將所有空間做分割、固定位置與大小，而是要在收納位置的中央以籃子來分隔空間，不過這也還是要依蔬菜的體積彈性調整，才能更有效地利用收納空間。

- 辣椒、蔥、青椒等蔬菜，以直立的方式保管比較好。因此，可以使用保特瓶來當作收納容器，以免蔬菜歪斜傾倒。

- 很多家庭經常大量購買水果，但是因爲水果容易壞掉，所以扔掉的比眞正吃的還多。爲了長時間保存水果，維持濕度就是個關鍵。最好的方法是以保持購買時的狀態來存放；要是已經將袋子撕開了，就用報紙或塑膠袋再包起來，可有助於維持濕度。

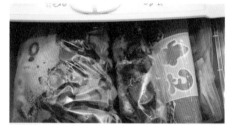

## Case 6.

### 廚房

流理台、小廚房也可以變得很整齊

# 空間越小，越要仔細整理

如果房子夠大又有充分的收納空間，整理起來根本不難，只要找到儲藏空間並將物品妥當放置就好，相對來說，小空間就很需要收納技巧。無論廚房大小或家裡人數多寡，每個家庭的東西數量其實都差不多，因此空間越小越需要有效率、有系統地收納。在這次的個案中，要來看看一間僅有19坪房子的廚房，我們以既整齊又細心的收納，創造出最大的空間利用效率。假使你就是目前住在小房子裡，並且對收納感到頭大的人，請睜大眼睛注意吧。

放在最上層的塑膠桶與便當盒看起來很不穩，站在下方拿取的時候，一不小心就可能讓物品摔下來打破。

沒有用藍子或其他的收納置物用品，造成很多空間浪費。

將大型的醬料容器擺在前面，妨礙伸手拿取裡面的小容器。

## | 診斷 |

相較於家中其他空間，廚房裡東西的種類與數量很多，即使已經有不少收納空間，但許多人仍然覺得整理廚房很困難。尤其是一般小坪數的公寓房子中，分配給廚房的坪數空間很小，導致更不容易收納整理。

這次的客戶由於流理台很小，所以無法收納烹飪器具。經過分析後發現，這個比之前case 5還要更小的廚房，也不適用於「水槽—流理台—瓦斯爐」的空間分割法。另外，這家廚房置放物品的位置安排很不恰當，例如：在抽油煙機上擺著衛生紙與密閉容器等。

## | 顧問計劃 |

空間越小，越不容易再添加收納置物櫃，因此必須擴大現有空間的收納量。例如：在流理台底下使用雙層層板、黏著式層板或盤架等。

全職家庭主婦待在廚房的時間很長，此外，家中成員每天除了用餐，每個人也還會進出廚房幾次。

因此，與其根據時間規律來整理廚房，不如有系統地根據目的與動線來規劃。

將廚房用品依特性、用途、使用頻率來分類並整理。越是小廚房，越需要以有系統的方式整理。廚房具有四大功能：保存食材、烹飪、全家人用餐、洗碗與清潔，因此只要稍微缺乏系統，很快就會變凌亂。

供應全家人健康養分的廚房，就像是身體的中樞神經，同時也是居住空間的骨幹。首重清潔與衛生的廚房，若能先做好整理工作，往後也能更乾淨、整齊地使用。

不要只抱怨空間狹小，一起來挑戰讓小空間變大的收納方法吧！

## 1. 冰箱庫存調查，幫助你建立聰明的消費計劃

在冰箱旁邊的牆壁上，使用磁鐵或掛鉤來掛上壁式收納袋，在收納袋裡放入便條與筆，以便用來做冰箱庫存調查。

## 2. 不要以為空間小就可以忽略動線

在流理台下方的門上，用掛鉤來掛上簡易式塑膠垃圾袋，以便立刻處理烹飪時所產生的垃圾。

## 3. 即使再小的空間，這樣收納就沒問題

鍋子與大碗依照大小順序層疊，鍋蓋以直立方式收納，可以提高空間利用效率。

常用的盤子依種類層疊，以便拿取。將同類盤子擺在一起的收納方式，就算家中要招待客人，都可以很方便使用。在剩餘的空間擺放流理台櫥櫃專用的架子，可以讓收納量變成兩倍大。

## After

我以最佳的空間利用效率方式來整理這個小空間。因爲流理台本身的收納空間並不多，所以使用層板與掛鉤等工具，以便善用剩餘的空間。

在櫃子的最上方、最不易拿取物品的位置，擺放重量輕體積大的塑膠容器。較高的位置處，適合放置重量輕且不易打破的物品。

黏上掛鉤來掛上篩子等用具，以增加空間利用效率。

水槽下方的櫃子裡擺放烹飪器具。我將一個架子放置於此，用來收納大碗與平底鍋。

**Info** **在這裡使用了哪些收納置物用品？**
（請參考第139頁的詳細說明）

❶ 書擋　　❷ 直立式檔案盒　　❸ 盤架

# # 將空間變爲兩倍大的收納撇步

## 1. 流理台上方櫃子的整理方法

• 流理台左上方櫃子的整理

• 流理台右上方櫃子的整理

**最上層** 不易伸手拿取的最上層，可以使用籃子來收納物品，好在需要時不用特別費力就可以一次拿出很多東西。此外，許多人經常在拿玻璃杯或保溫瓶的時候，手不小心一碰，周圍其他物品便一連串地倒下，因此更需要放置在籃子或紙盒等收納置物用品中才安全。

**中間層** 在中間層放置使用頻率較低的碗盤。在這個空間可以放置又大又重的碗盤。

**最下層** 在流理台正上方的這個空間，擺放天天使用的碗盤。若是大盤子，就利用盤架以直立式收納，除了方便拿取之外，也不會占太多空間。

**最上層** 最上層保管不常使用的密閉容器，例如太大的小菜盒或便當盒等。重量較輕的這些物品，很適合放在最上層。

**中間層** 在這一層就以保特瓶做出收納置物用品，放置不常使用的杯子。只要將礦泉水瓶等小型保特瓶的上半部分切掉，再於側面以杯子把手的寬度來切出空隙即可。使用透明保特瓶來保管杯子，除了可以防止破損，還能看見裡面有哪些杯子。

**最下層** 倘若收納空間狹小時，請將密閉容器的蓋子與容器分開擺放，並將蓋子用盤架立起來收納，就能增加收納量。

## 2. 水槽下方櫃子的整理方法

• 水槽下方櫃子的整理

將大型玻璃盤子放入購買時所附的盒子，以直立放置收納。如此一來，不用擔心盤子破損，也不會占很多空間。記得將盒子開口處向內摺入，以便看到內容物。

有深度的平底鍋以檔案匣直立放置，才不會占用太多空間，也便於拿取使用。除了平底鍋以外，大型鍋蓋也可以用同樣的方式來收納。

• 流理台抽屜的整理

利用吃完的餅乾盒與豆腐盒，在抽屜裡分割出空間。

用盒子做出隔間，再將零散的廚房用品按照用途分類收納，看起來很整齊又方便使用。

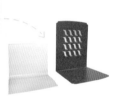

將拋棄式塑膠手套、圍裙、抹布、菜瓜布等，摺疊後以直立方式放置。

此時若將厚紙板摺疊成「L」形來使用，可以發揮書擋的效果，不用擔心放進去的菜瓜布或塑膠袋傾斜歪倒。收納塑膠袋時，如果直接塞進抽屜裡，袋子通常都會膨膨的，不過只要以摺疊方式收納，便可節省空間大量存放。

• 流理台瓦斯爐下方櫃子的整理

將瓦斯爐下方的櫃子用來放置調味料類，並以籃子來分類收納這些調味料，此時請將瓶身矮的調味料容器放在前面。另外，在蓋子上寫上調味料名稱，以便知道內容物。

購買市面上販售的抽屜式雙層容器來當米桶也很方便。請記得，在狹小的空間裡收納時，配合適當的收納置物用品能夠帶來很多幫助。

在瓦斯爐下方櫃子的門內側黏上掛鉤，用來掛廚房手套。

**TIP** 聰明購買調味料的方法

收納空間狹小或平常不常做菜的家庭，建議購買小容量的調味料。量多、大瓶的調味料，若不是經常使用很容易變質壞掉，而且在小空間也不方便拿取使用。

## 3. 其他空間的利用

• 瓦斯爐上方空間的利用

　　將常用的調味料與茶類放在瓦斯爐上方的空間，可以便於使用。不妨將調味料放入款式一致又漂亮的容器，增添裝飾的效果。玻璃或陶瓷材質的調味料容器，在大創百貨（DAISO）就能以低廉的價錢購買。

• 水槽空間的利用

　　一般家庭在水槽上方經常擺放著多功能層架，用來放菜瓜布、洗

碗精、排水孔蓋等的物品。但是如果水槽本身已經很小，再放這種層架可能會導致空間變得更狹小，此時，請將洗碗精放在水槽上方的層架上，然後以掛鉤將菜瓜布直立放置。這麼做可以省下許多空間，同時，菜瓜布以直立方式放置，讓內含的水流出，才能更乾淨衛生地使用菜瓜布。

夫妻是家庭的中心，因此兩人的房間也是家裡最重要的空間。夫妻專屬的
臥房應該當成休息空間來使用，但是許多家庭的主臥房通常也變成衣帽
間。我們在整理客廳與廚房時，不太受到季節的影響；然而，對臥房整理
來說，考量季節因素卻是非常重要的。衣櫥的整理更是如此，隨著季節與
天氣的變化，也會影響選擇適用穿著的衣服，所以更應該要照季節調整衣
櫥。

# 5

## Part

# 空間 & 分析

臥房

改變收納方式，
讓臥房變成舒適的幸福空間

## 衣櫥整理訣竅之預備篇

### ⊙ 考慮人生階段與季節

　　整理衣櫥的時候需要依照季節與天氣加以變化。若季節已經到了冬天，卻還掛著無袖衣服，每次拿衣服出來的時候都會感到麻煩。因此過季的衣服要適時整理。

### ⊙ 先空出來才能補進去

　　尋求衣櫥整理服務的客戶，大部分都是將衣櫥裡塞得滿滿的，但是每當外出時，由於衣櫥裡沒有幾件適合當日活動的衣服，因此頻頻抱怨沒有衣服可以穿。

　　請你扔掉不穿的衣服吧！你也許會想（或承諾），先減肥就穿得下了，然而，這還是讓衣服占用了衣櫥的空間。也可能想過，把這些衣服好好收藏著，等女兒長大後給她穿，不過，通常孩子長大後會嫌這些款式很土，連看都不看。

　　因為太小無法再穿的衣服、以很貴的價格購入如今卻已過時的衣服，都必須從衣櫥裡離開。

### ⊙ 只要稍加改變收納方法，就能讓空間產生變化

　　摺疊衣服的方式會影響空間的利用效率，因為隨著摺疊與收納的方式不同，容積也會產生變化。

　　衣服是布製品，所以沒有固定形狀，因此收納衣服時最重要的一點，就是對收納空間的了解。請觀察一下家中衣櫥的特色——抽屜深淺、寬窄與否，或是抽屜不多但有很多掛衣桿等等。先對收納空間有一番了解，會更容易找到適當的收納方式。

　　一般都會用層疊的方式，將摺好的衣服放進抽屜或衣櫥裡，但是也有些空間不適合用層疊式收納。不要侷限於制式的收納方式，要先了解空間再找出適合該空間的方法，才能讓空間收納量變得更大。

### 房間整理 I，整理出舒適休息的臥房
# 衣櫥、棉被櫃、梳妝台，及各種小物品的整理撇步！

　　這次要進行整理的空間，是一對結婚五年的夫妻的臥房。這對夫妻通常進臥房只為了換衣服與睡覺，所以房間裡僅擺設彈簧床與衣櫥，即便如此，這間臥房並沒有被妥善整理。

- - - 未曾考慮過衣服的大小、顏色、材料，所以缺乏整體性。

- - - 牛仔褲與其他衣服摺好後，就隨便疊放。

任意堆疊的帽子，令人擔心是不是會因此變形，而且也不知道裡面有哪些帽子。

未曾考慮衣櫥的空間，將棉被不分大小摺一摺就放進去，導致不易拿出來也不美觀。

因為沒有專用空間，所以抽屜裡混雜著衣物與其他東西。

根本沒將衣服疊好就直接塞進去。

## | 診斷 |

在這間臥房裡最需要整理的地方是衣櫥，沒疊好的衣服到處堆著，縮水或過時不穿的衣物也不難看見。此外，這家的衣櫥抽屜比一般衣櫥抽屜深，使得空間利用不易。由於太太曾經是職業婦女，既要上班也負責養育孩子與做家事，因此，衣櫥淪為堆放洗好的衣服的地方，有時因為找不到適當的衣服，就隨便買個幾件新的穿。

## | 顧問計劃 |

臥房兼具睡覺、換衣服，以及化妝的空間功能，因此整頓臥房的第一要務就是衣櫥與梳妝台的整理。每次觀察客戶無法自行整理的衣櫥與梳妝台，都可以發現裡面放著一大堆早就不用的東西，或許很多人當初也是有系統地整理過，但是因為不易維持，所以又再度變亂。

 因著四季產生的氣候變化，讓家庭主婦們更忙碌了。每次換季時都得調整衣物，每年總要搬進搬出個三、四次。整理的基本原則之一就是適時性，尤其是衣櫥更要按季節加以變化、整理。

 先將需要與不需要的東西分類，接著針對需要的衣服分類為先生的或太太的，最後，將先生與太太的衣服按照季節各別收存。收納等於是以分類來細分範疇，或是透過分類了解東西的特色，然後再找出適當收存的位置。

已分類的衣服，先依其分量與生活模式做思考，再規劃衣櫥裡的空間、安排衣服如何放置。當然也必須將動線納入考慮，每天出門上班的先生，他的衣服放在距離房門較近的位置；太太由於目前已經停職，不需要一早趕著外出，因此衣服就收在衣櫥較裡面的位置。

 我將該臥房的功能鎖定為睡眠、換衣服與化妝，然後再幫這對夫妻做衣服收納整理。先把更衣與化妝需求之外的東西全都移到別的地方去，收納的時候需要根據人生階段與空間來分類，還要幫東西找出固定的位置，但是更重要的是保留適當的空間與維持整齊狀態的技巧。對衣櫥與梳妝台而言，與其久久一次大整理，不如時時清掃、丟棄與重整。

天天使用、難以整頓的衣櫥和梳妝台，在這兒要教你如何整理與維持。千萬別忘記，維持整齊比整理更重要！

Solution
整理方案

## 1. 改變摺疊方式可以讓空間更靈活

　　將衣服收納於抽屜、盒子、籃子裡或層板的時候，衣物的摺疊方式會大大影響收納成效。不同的摺疊方式與存放方法會形成不同的收納量，同時，再取出使用的便利性也不同。

　　現在就來學習如何有效摺疊衣服，以及抽屜或層板的收納方法。每一種衣服都有不同的摺疊方式，不過其基本原理卻很簡單。因為所有家具的層板與抽屜都是四方形的，所以只要配合收納空間的大小，將衣物摺疊成四方形即可。

　　將衣物放置於抽屜或層板的時候，必須視空間大小選擇層疊式或直立式收納。

### 層疊式收納

- 當抽屜較淺、無法將衣服直立置放時，採用層疊式收納法。
- 厚毛衣或是摺疊後也無法直立置放的大件衣物，採用層疊式收納法。

### 直立式收納

- 將衣服以直立方式放入抽屜後，很多人不知道該如何維持整理好的狀態，總擔心在拿取與放入衣服的時候，會弄亂其

他衣服。此時，只要先將一隻手插進衣服之間，再往前推出空間，就不用擔心在衣服拿出來或放進去的時候造成皺褶。洗好的衣服要放回時，也可以用同樣的方法。

## 2. 梳妝台整理撇步

　　梳妝台有很多小雜物，所以需要用到外顯與隱藏兩種收納法。梳妝台上請盡量減少物品擺放，除了每天必要使用的東西，其他的一律都存放在收納空間及抽屜裡。多餘的或不常用的物品，請以透明容器收納於容易看見的地方，避免因為看不到讓物品過期，或是不小心重複買了同樣的商品。

### 化妝品保管技巧

- 放置於梳妝台的化妝品，每一瓶的有效期限都不同，因此在開封後必須特別注意。

將開封日期記錄下來。⌐ ⌐將有效期限註記在這裡。

　　在已開封的商品上註記有效期限，以便每次使用時確認。不妨就將開封日期貼在蓋子上。

- 擁有很多彩妝品的人，可以購買市面上販售的透明化妝品整理盒來收納。此外，按照橘色系列、粉紅色系列等，以相近顏色做商品分類並統整管理也是個好方法。

## After

為了安排物品固定的位置，可以利用收納置物用品，不過，也得留心選擇適合該空間的收納用具，才能不浪費和有效利用空間。所以，在購買收納用具前，要先測量使用空間的大小！若是不假思索地買回一大堆收納用具，一旦因大小不當造成空間浪費時，會讓人更困擾不知如何是好。

在衣櫥上方的掛衣桿，掛外套與上衣。由於衣櫃左邊的空間較大，因此利用此空間掛長外套。

籃子旁邊的剩餘空間用來放置手提包。這裡使用的收納盒是自己做的，在盒子上同時也附加了把手。

當季不使用的棉被與很重的床墊要放在下層。孩子的棉被與目前要用的棉被放在肩膀高度的層板上，以便拿取；棉被旁邊多出來的空間就放枕頭。原本被摺疊成一大片的羽絨睡袋應該以捲起來捆綁的方式收納，再與不使用的枕頭放在一起。

在掛衣桿上掛好衣服後，剩餘的空間用來放木炭，避免櫥櫃生蟲。木炭使用一段時間後，要拿出以溫水清洗，並放在陽光下曝曬乾燥，就能長期使用。

**Info** 在這裡使用了哪些收納置物用品？
（請參考第139、140頁的詳細說明）

❶ 不織布收納盒　　❷ 透明壓克力收納盒　　❸ 領帶架　　❹ 隔間式整理盒

# #將空間變為兩倍大的收納撇步—衣櫥

## 1.依材質來收納衣服的方法

依布料的種類可以有兩種收納方法。容易因摺疊產生很多皺褶的衣服，要用衣架掛起來，而摺疊起來可以很平整的衣服，就直接疊起來置放於層板或抽屜。

### • 用衣架來收納—毛衣等皺褶多的布料

#### ①歸為同一種類做收納

衣物要先分類為襯衫、外套、褲子才能收納，毛衣也是如此。此外，這類衣物請分別獨立吊掛才不會占用很多空間。

如果使用掛鉤，便可以將衣架多層吊掛。

#### ②統一衣架的規格

寬度大的衣架會占用很大的空間，也會減少衣服的收納量。改成使用寬度較窄的防滑衣架可以掛更多衣服，有助於衣櫥空間的利用效率。

洗衣店衣架　　西裝用衣架　　防滑衣架　　褲子用衣架

#### ③更整齊的收納法

將衣架的方向統一，並且按照衣服的顏色與長度來收納。

從左邊由淺色開始掛起，一直掛到右邊為深色。

為了避免浪費空間，將相近長度的衣服吊掛在一起。

## 以衣架吊掛毛衣的方法

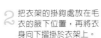

完成!

1. 以衣服的中線為基準，對摺一半（以背部的左右側面對摺）。

2. 把衣架的掛鉤處放在毛衣的腋下位置，再將衣身向下摺掛於衣架上。

3. 將毛衣手臂的部分也向下摺掛後，穿夾於衣架底部。

- 摺疊收納的衣服——牛仔褲與不易皺褶的布料

## 長袖T恤摺疊方法

以下為摺疊長袖T恤的方法。基本摺疊法完成後，若再對摺一次，就可以將衣物直立起來收納。

 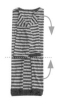

1 將T恤的背面朝上。

2 先將兩邊的袖子朝著背部摺起來後，再以與側線平行的方式摺疊。

3 將衣服的下半部朝上摺起。

4 整件翻過來就完成了！若再對摺一次，可以將衣物以直立式收納。

## 使用摺疊板摺衣服的方法

用摺疊板來摺T恤相當方便，而且能照著摺疊板大小將衣物摺成同樣尺寸，讓收納時更美觀。

1 在摺疊板上以衣服的背部朝上擺放，然後將摺疊板的右邊部分摺一次、開一次。

2 另一邊也用同樣方式摺一次、開一次。

3 將上面部分摺一次、開一次。

4 衣服很整齊的疊好囉！

5 ❹再一次對摺，衣服就可以直立起來放在藍子或抽屜裡收納。

## 摺疊褲子的基本方法

基本摺疊方法是將褲子摺三次。

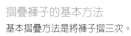

1 將褲子的正面朝上攤平後，如照片上前頭的方向摺疊。

2 將褲襠凸出的部分向內摺入後，依照片上的虛線摺疊兩次。

3 再次對摺後，以直立方式置放在藍子或抽屜裡收納。

## 將褲子摺疊得更小的方法

將褲子摺疊得更小，可以適合直立式收納或存放在底層抽屜裡，還能避免開關抽屜時被褲子卡住。摺疊的方法是在褲子基本摺疊法之後，繼續依以下方式摺疊即可。

1 將褲子分為三段摺疊。

2 摺疊完成的正面。請將側面呈圓弧拱起的一端朝上收納。

3 摺疊完成的側面。請將側面呈圓弧拱起的一端朝上收納。

## 襪子摺疊法

以襪子的腳跟部分為基準，分三段摺疊後，將腳趾頭的部分插入腳踝部分的封口。摺疊襪子時，無論長襪或短襪方法都一樣。

1 將襪子的左右兩隻疊放整齊。

2 分安三段之後，在1/3處將腳踝部分摺起。

3 將另一端摺過來，並且插入腳踝這端的封口裡。

## 三角內褲摺疊法

內褲、襪子等上端開口、下端縫合的衣物，要以縱向三等分摺疊後，再將下端部分往上摺疊，收納時才不會破壞形狀。

1 先將內褲的臀部部分朝上，再從右邊1/3位置摺疊。

2 另一邊也照❶的方式摺疊。

3 分安三段之後，將上端1/3的部分向下摺，再將下半部分往上摺疊，並且插入由上端摺下的封口裡。

## 四角內褲摺疊法

1 分安三段之後，將上端1/3的部分向下摺。

2 將下半部褲襠的部分往上摺疊，並且插入由上端摺下的封口裡。

## • 依空間不同的整理法

### ①置放於層板的收納方法

▲ 在層板上層疊的收納方式

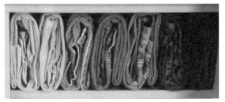

▲ 在層板上直立的收納方式

②置放於抽屜的收納方法

■ 層疊式收納

將衣服摺疊好，層疊置放於抽屜裡。

■ 直立式收納

將衣物摺疊為比抽屜或籃子深度短一公分左右的大小，然後如同書架上排列書本，將衣物直立式收納。這樣的方式有助於一眼看見所有的收納衣物。

③其他收納方法

羽絨外套等冬天的衣服，雖然不重但是體積很大，所以不容易收納。這類的衣服就存放於衣物專用的塑膠盒子裡，可以在不穿著使用的季節避免堆積灰塵。

冬天常穿的衣服掛在外面的衣架或存放在收納籃裡。又重又占空間與常穿的衣服，經常在衣櫥裡拿進拿出的總是很麻煩，所以就掛在衣架或存放在收納籃。

學校制服或每天要穿的居家服掛於房門後，以便拿取穿著。這個位置在門打開的時候不會被看到，收納起來很整齊。

## 2.時尚用品的整理方法

● 帽子收納法

常戴的帽子以掛起來存放，過季的帽子以對摺方式摺疊後，疊放在收納籃裡。

- 皮帶收納法

掛在衣櫥門內側，方便其他衣物利用剩餘的空間置放。

也可以捲起來存放在籃子或有小隔間的收納盒。

- 領帶與絲巾收納法

掛於領帶架收納，外觀上看起來很整齊。

絲巾以四方形摺疊後，一件一件放入收納容器裡，也可以直接掛在衣櫥門上，以便取來使用。

- 包包收納法

將常用的包包以直立方式置放，並選擇放在接近玄關的位置，好在出門前拿了就走。收納時裡面要填塞報紙，以避免包包變形。

①將包包放在布袋裡，直立放置收納。

利用買鞋子或包包時附送的不織布袋子，當成實用的保護袋。

②將常用的手提包，依尺寸大小直立置放在衣櫥下層。

③插在直立式檔案盒來收納。

④利用衣架製作包包專用掛鉤,將包包掛
　起來保管。

⑤利用剩餘的空間,以並排直立方式收納。

▲ 將包包與帽子有系統地整理與收納在衣櫥裡

• 紙袋收納法

　　將紙袋的提繩向內收進去,然後像檔
案夾一樣直立置放並依大小來收納。

### 3.棉被的收納法

　　依照櫃子的寬度,將棉被摺疊為適當
大小。擺放棉被後的剩餘的空間裡,可以
用來收納摺疊成四方形的棉被套或床罩。

• 過季棉被的保管法

　　家中訪客用的棉被或過季的棉被,以
真空壓縮收納袋來壓縮收納,可以減少一
半以上的體積。

　　羽絨、羊毛或超細纖維等材料的棉
被,請避免以真空壓縮收納,因為這些材
質若被壓縮太久,材質很可能會受損。

　　若沒有真空壓縮收納袋,不妨將棉被
捲起來用繩子綁妥,然後放在櫃子的上層
位置,才能有效利用空間。

# #將空間變爲兩倍大的收納撇步—梳妝台

除了化妝與頭髮造型相關的用品和飾品，其他東西都請放到別處，同時也要將過期的化妝品與樣品全部丟棄。擺太久的化妝品與醫藥品都有變質的可能，甚至產生危險，所以必須馬上扔掉。

▲ Before

▲ After

將每天使用的化妝品分類爲保養品與彩妝品，置放在透明小盒子裡，擺放於梳妝台上。

以小籃子來收納梳子桶、卸妝棉桶、棉花棒桶。耳環請收掛在專用的收納架，無論保管或使用都方便！

①飾品存放於抽屜裡的隔間式收納盒。

②將髮夾與化妝品的樣品分別放在籃子與隔間式收納盒裡。

③吹風機與捲髮器等頭髮造型用品，收納於電源附近的抽屜裡，可以縮短使用動線。

　　雖然兒童房大多被當作遊戲空間，不過，對於從幼兒期進入學齡期的孩子而言，確保個人的學習空間，將有助於培養學習興趣。通常兒童房必須同時滿足學習與遊戲兩種需求，因此學習的書本和遊戲的玩具也總是混在一起，沒有固定收納的位置。若你正因為這種情形感到兒童房難以整理，那麼請先劃分兒童房裡的空間，然後再規劃物品的固定收納位置，如此一來整理就變容易了。

# 6

## Part

# 空間 & 分析

兒童房

以使用目地劃分空間，讓整理變得更容易！

## 兒童房整理訣竅之預備篇

### ⊙ 以用途來分割空間

#### ★ 學習空間與遊戲空間的區分

托兒所或幼稚園裡,用教具櫃子來分割空間的方法,相信大家都不陌生。在家中,最理想的情況是一間遊戲室、一間學習室各別使用,但要是無法擁有兩個不同空間,也可以將一個房間有效地分割使用。為了達到這個目的,可以藉由教具櫃或兒童家具,將空間劃分為遊戲區與學習區。

### ⊙ 自主整理:讓小孩主動整理

#### ★ 與孩子一起整理

整理孩子房間的時候,最重要的便是與孩子一起整理。就算只是件小事,由爸爸媽媽幫孩子打掃整理房間,遠不如教導並幫助孩子找到可以做的事。透過讓孩子自行整理,孩子會感到成就感,也能培養自己主動整理的習慣。

#### ★ 為玩具找位置

為了培養孩子主動整理的習慣,爸爸媽媽除了要以身作則表現整理的態度,也要幫孩子訂定玩具的收納處。請先告訴孩子玩具該固定收納在哪兒,再教他將東西放回原處。與其在弄成一團亂的時候才叫孩子去整理,更應該事先幫他安排好玩具的收納位置,好讓孩子自然而然知道東西該放在哪裡。

### ⊙ 你希望孩子多多閱讀嗎?

若將書本置放在孩子視線高度的位置,是不是更容易讓他主動拿來閱讀呢?

另外,在選購兒童圖書時,每次在孩子感興趣的圖書中挑選一本買,會比購買整套叢書的方式要來得好。一整套叢書很可能帶給孩子負擔,反而讓他們變得不喜歡看書。

# Case 8.

## 兒童房

房間整理Ⅱ，培養孩子的創意吧！

# 永遠打掃不完的兒童房

不適合孩子閱讀的書以及孩子爸爸的東西都混在一起。

## Before

這次的客戶是一名媽媽，家中有個七歲準備上小學的孩子。之前孩子與父母一起在臥房共同生活，現在，為了要給孩子一個獨立空間，這位媽媽想請我提供幫助。他們打算用孩子爸爸的書房布置出孩子自己的空間，因此在書房買了新的床，也將孩子的物品搬過來。然而，因為是新規劃出來的空間，所以這位媽媽不知該如何安排與整理。

由於這個房間原本是孩子爸爸的書房，裡面還放著不適合孩子使用的書架占用空間。此外，玩過的玩具就隨隨便便擺在桌上，顯然，孩子也尚未被教導該主動收拾玩具。

有太多孩子不看的書，而且書本放在孩子不容易伸手拿到的位置。

## | 診斷 |

大書桌上擺滿孩子爸爸所使用的東西，在兒童房裡並沒有為孩子的學習空間做好準備，此外，玩具沒有固定擺放的位置，因此孩子在玩過之後也無法自行整理。房間裡面孩子的床、孩子爸爸的書架、玩具都隨意布置擺放，完全沒有將孩子的睡眠空間、遊戲空間與學習空間做區分，對孩子來說，當然會產生空間使用的混亂。

## | 顧問計劃 |

這是這家孩子首次擁有自己的空間，因此，是不是應該考慮用他喜歡的玩具來布置呢？然而，這孩子再過幾個月就要上小學了，所以我決定將重點放在規劃學習空間，好讓孩子培養學習習慣。

這是孩子專屬的空間，因此也可以當成遊戲空間，但是為了讓從幼兒期進入學齡期的孩子開始對學習感興趣，所以決定集中焦點在清楚劃分出學習的空間。現在這個家庭正處在與學齡期孩子一起生活的階段，整理的時候多思考一下這點，可以讓計劃進行得更順利。

孩子在自己房間裡睡覺、換衣服、學習，以及玩遊戲，因此兒童房也需要有系統的整理。孩子的房間與大人的房間同樣具備多種功能，差別只在於孩子不太會自己整理。雖然要孩子做到整理與打掃的確不簡單，但是，父母在這個時期仍然必須幫助孩子養成主動整理房間與收納物品的習慣。

這次整理顧問服務的目的，是讓孩子在自己房間就能玩遊戲兼學習，因此這個房間必須具備進行兩種活動的機能。為了避免出現凌亂感，在劃分空間時要特別留意；我用書架來隔出空間，讓孩子明白在哪邊讀書寫字、在哪邊是玩遊戲的空間。

**Let's try!**

為了讓孩子成長為懂得整理的人，需要從小養成習慣。進行兒童房的規劃與安排時，也請一併思考如何讓孩子養成主動整理自己房間的習慣！

收納孩子的玩具是媽媽們最傷腦筋的一件事，才剛整理好，一轉身又發現玩具被擺得到處都是，就這樣不斷反覆整理，往往花上一整天時間在做同樣的事。不過，如同其他的整理一樣，在反覆整理玩具中也慢慢可以抓到一些訣竅。

## 1.分類

我之前一再強調分類是整理的根本。不要將所有的東西通通丟在一個籃子裡，務必要按照孩子的年齡來訂出標準和分類，然後才進行整理。如果能夠讓孩子自己做好分類，還可以培養邏輯與思考能力，成為主動積極的人。

## 2.定界限

在分類之前，另一件很重要的事情就是為孩子定界限。不要買太多玩具給孩子，我們得要讓孩子懂得節制，同時也是自我約束的練習。

## 3.讓孩子承諾做整理

將分類好的玩具置放在固定的籃子或箱子，以便讓孩子養成自己整理的習慣。

整理是建立系統與履行承諾的行為，在決定東西固定擺放的位置以及履行承諾的過程中，孩子會學到遵守規則與自我管理的能力。即使這是小事，但若是讓孩子學會建立整理系統以及主動履行，也一定有助於發展學習能力。

## After

　　在這個房間，我用兩個矮書架來區分睡覺、學習，以及遊戲空間。把矮書架擺在床鋪與書桌之間，分開孩子睡覺、學習，以及遊戲的空間；在高書架旁邊擺放孩子的小書桌。這樣可以達到劃分出兩種不同功能空間的目的，改善使用成效。

　　將一個矮書架用來收納玩具，而另一個擺放於書桌旁的書架，專門用來收納孩子的書本。

　　孩子爸爸的書桌與孩子的書桌放在同一區，可以讓孩子與爸爸一起看書，自然而然養成閱讀與學習的習慣。

將孩子自己創作的圖畫或玩具擺在家裡，能夠提高自尊也鼓勵創意。另外，不妨將孩子的作品拍照做成相冊，在孩子長大後會是個美好的回憶。

 **在這裡使用了哪些收納置物用品？**
（請參考第139、140頁的詳細說明）

 ❶ 直立式檔案盒　　 ❷ 隔間式整理盒

# # 將空間變為兩倍大的收納撇步

## 1. 房間裡，屬於孩子空間的整理

　　將國小預備課程的參考書與學習CD分開存放在檔案盒，訂出固定擺放的位置。

　　到處散布的玩具，按照大小與種類分類後，放入小籃子再固定置放於書架的一個隔間裡。孩子用疊疊樂完成的創意作品，直接展示在書架的最上層。

　　在床鋪下方有深度的抽屜裡，用籃子分成兩層來收納東西。抽屜底部存放較大件的玩具，如玩具刀劍、玩具槍；上層的籃子先以回收的紙盒做出隔間，然後用來收納小玩具類。

將小玩具用隔間來分開收納。

## 2. 房間裡，屬於爸爸空間的整理

　　這個空間因為包含了孩子的房間與孩子爸爸的書房，因此必須另外為孩子準備書桌。在孩子爸爸的書桌上，只擺放爸爸所使用的物品。

　　①將孩子爸爸的書本搬到爸爸的書架上，目前已不再看的書則要扔掉。整理書架上的書本時，按照書本的高度，依照從左到右、由高到低的

順序整理，在視覺上感覺很有秩序；此外，將書本插進書架的時候，以書脊對齊的方式會比以書口對齊的排列更整齊。

　　②在孩子爸爸書架的最上層，原本擺著爸爸媽媽小時候的照片，現在都移到衣櫥裡收存。而之前放在書架上的相機，就與爸爸的其他雜物通

通收納於床下抽屜一處固定的位置。

很多人認為整理書架與書房一點也不簡單，實際上，整理這個空間沒有你想像中那麼令人害怕。相較於其他空間，書房裡只收納少數幾種東西，因此只要在開始前建立好整理標準，就能輕鬆完成整齊又有品味的書房。書架，是只要經過整理就能被凸顯的收納空間，將這部分仔細調整就能得到有如裝潢般的效果！

# 7
## Part

# 空間 & 分析

書房

建立分類標準，書房整理輕鬆搞定！

## 書房整理訣竅之預備篇

### ⊙ 書房整理的基本原則──該怎麼分類？

#### 1. 以領域來分類

請回想一下圖書館的藏書，大部分都先以領域來分類書籍，然後再按照書名編號。雖然家裡不像圖書館有那麼多書本，也不需要在書上貼識別編號，但是，將家裡的書依照不同領域來分類，是很實用的好方法。若在書架上依人文、藝術、政治、經濟等領域來分類收納書本，很容易記住需要的書本放在哪兒，也很方便拿出來閱讀。

#### 2. 訂出自己專屬的標準

雖然依領域別分類與整理書本是普遍又有效的方式，但是自己才是決定整理標準的人。有些人習慣按照作家姓名分類整理，也有的人很有創意地根據書本顏色來分類；無論如何，先建立自己專屬的標準再開始整理，後續的工作就很簡單。此外，因為採用的分類標準是自己訂的，所以很容易記住。

### ★ 以閱讀頻率高低來收納

將常閱讀的書擺放在接近視線的高度、容易伸手拿取的位置；不常看的書，像是大學時代的主修課本或其他舊書，就放在書架上層或底層。

### ★ 該如何將書本排列得更漂亮呢？

#### 1）書脊對齊收納法

在書架上排列書本的時候，一般都是將書本推到底、將書口貼齊書架背面擺放，若改為將朝前的書脊對齊收納，在視覺上就會更加整齊。

#### 2）書本大小差距很大時，該怎麼收納？

兒童圖書中有不少大大小小的繪本書籍，這些書的尺寸比一般書籍要多樣化，但是，參差不齊、長長短短地擺在書架上，既不整齊又難看。因此，請將大小不一的這些書收納於書架最底層較不顯眼。

**書房**

一探究竟，神祕女大學生的房間！

# 利用壁式櫥櫃的書房整理法

## Before

　　一般人也許會認爲女大學生的房間應該是整齊又乾淨的，但是我這次的客戶卻是個忙於學習與累積專長，將整理當作次要事項的女大學生。這位同學表示，每學期在書桌上越堆越高的主修課本與各種列印資料，眞的很難整理，更不用提書桌底下到處糾纏成團的電線，連下手都沒有勇氣。

　　儘管如此，當看到擺在書架最上面的檔案夾，以及書架第一排整整齊齊的書本時，就知道這些都曾經整理過，應該是在剛開學的時候，然而到了學期中，因爲書本變多空間不足，所以開始在原有的書本上疊放塞不下的書本。這樣不但妨礙找書，而且在抽取書本的時候，也很容易因爲碰到其他書本而崩塌倒下。

書架對面的書桌上，各種文具混亂地擺放著。這樣很難找到所需的用品。

在書桌底下，電子產品的電線混亂地纏結，除了不雅觀，更容易引起短路等事故。

## |診斷|

這間房間裡有書架、書桌、梳妝台，都是有收納功能的家具，但是並沒有被好好整理。即使可用來收納的地方很多，但還是覺得空間不夠用，所以連書架最上層也放著檔案夾，一眼看去令人感到不安和擁擠。此外，不再需要的舊書與其他家人的書本全部混雜放在一起，加上書桌上丟著的各種私人用品，讓整體顯得很雜亂。另外，電腦占掉了書桌一半以上的空間，使書桌無法發揮原本的功能，女學生也因此沒有看書的位置。最後，書桌底下纏成一團打結的電線和多孔插座，則是在安全上最令人憂慮的。

## |顧問計劃|

雖然房間中的家具是按照動線來布置的，但是由於不當的收納，使得空間都被浪費掉。因此我決定使用合適的收納用品，好讓各個空間能夠有效利用。另外，相信有不少家庭擔心因為家電數量增加而日益雜亂的電線，在這兒，我也要將有礙觀瞻又造成危險的電線問題一併解決。

 身處社會新鮮人階段時，會接觸很多新事物，新東西的數量當然也會增加。而這位客戶的問題在於無法處理這些新增的東西，在無法整理的情況下，讓房間變得亂七八糟。

我決定要讓客戶將目前不再使用的東西丟棄或捐贈，才能給新東西有收納之處，也簡單提供客戶有關消費與整理習慣的教導。

 這裡是學生讀書學習的房間，為了念書與寫作業，急著要整理好書桌與書架。因此我決定先整理書架上亂堆著的文件與書本，然後在被電腦占的書桌上安排出學習空間。另外，由於客戶也在房間裡收納與更換衣服，所以要盡量利用壁式櫥櫃來收納衣物與包包。

這次整理的目的設定為整理出兼具學習與生活機能的房間。因此，除了有系統地整理書架以外，也要規劃出衣服、化妝品與各種小東西的固定收納位置，以讓客戶能夠維持整理完成的狀態。

**Let's try!**

看起來足足超過一百本的書，該怎麼整理呢？這次的整理服務是與書架及書桌有關的，因此不只運用在家庭，連辦公室也適用。

在前面整理兒童房時談過,整理書架之前先要分類書籍。首先根據目前的需求,將書本分類成要留下與要丟棄的,接著在留下來的書本中,以用途、閱讀者與頻率來分類。

### 挑選收納用具時得注意的事項

決定要整理之後,第一件要做的事情應該是購買收納用具。通常看單個收納置物用品感覺價格不太貴,但是將全部所需的加起來算一算,就會發現總價並不便宜。我們就來討論如何聰明購買收納置物用品。

■ 宜購買適合收納空間大小的用品。前面屢次強調,若收納用具與空間不合,會造成很多空間被浪費掉,降低空間利用效率。

■ 要放進壁式櫥櫃的收納用品,更得謹慎挑選。在壁式櫥櫃或陽台倉庫使用收納用具時,所需的大小尺寸得視情況做選擇。雖然收納用具的款式設計與價格也要納入考量,但是別忘記最重要的仍為使用的方便性。

■ 將儲藏的東西或季節性物品放在陽台倉庫時,由於環境較潮濕,所以不可以使用紙盒,而是要用加蓋的塑膠箱來收納。

■ 有外蓋的箱子或可以層疊的籃子,要再拿出或放回東西時比較不方便,所以用來收納不常用的物品。常用的物品以放在容易打開拿取的抽屜為宜。

## After

　　整理書架前先要分類書籍。請以目前的需求來分成要留下與要丟棄的，接著在留下來的書本中，以用途、閱讀者與頻率來分類。若發現有不再看的書，不要覺得可惜，就直接扔掉（整理的第一步就是丟棄不需要的東西）。或者，也可以利用網路二手書店來拍賣這些不要的書籍。

　　在已分類好的書本中，再次分成常看的與不常看的書，然後針對領域做區別。

　　將不常看的書與論文等都放在書架最上層，而主修科目的課本、勵志書籍、人文書籍，以及小說類等，就置放在書架的其他空間。

將不常看的資料文件用紙箱收納後，放在書架最下方。另外，大小不同的家電配件，就用箱子藏起來收拾。剩下的空間與坐在書桌前伸手可及的空間裡，擺放正在閱讀、經常看的書本。

**Info** **在這裡使用了哪些收納置物用品？**
（請參考第140頁的詳細說明）

❶ 塑膠抽屜櫃　　❷ 文具類抽屜櫃　　❸ 伸縮桿

# # 將空間變為兩倍大的收納撇步

## 1. 隱藏式的收納法

使用鞋盒製作電線收納盒

1 在鞋盒的側面切出讓多孔插座主電源線穿過的小孔，並在另一邊的側面切出長方形的缺口，讓各電源線可以伸出。

　　將收納盒放在書架的其中一格裡，除了能增加裝飾效果，也可以隱藏各種小物品。

2 將多孔插座放進鞋盒後，調整電線。

**完成!**

3 過長的電線請使用綑紮帶綁好。將插頭逐一貼上識別標籤，然後蓋上盒蓋。

　　使用垂簾與伸縮桿來做遮簾，也能夠隱藏東西。只要按照書架的格子大小裁剪遮簾，再以伸縮桿掛起來就完成了。

## 2. 安全無憂的完美電線整理法

### 整理電線所使用的收納用品

　　整理手機充電器或USB連接線等電線時，利用小鐵環或麵包袋紮帶，就能很整齊的綑紮成束。

　　利用側面裁切出缺口的盒子，將多孔插座隱藏在其中；插在多孔插座上的各條電線要貼上標籤以便識別，過長的電線請以綑紮帶綁妥固定。最後蓋上盒蓋就大功告成！

## 3. 提升學習效率的書桌整理法

　　書桌被電腦占據一半以上的空間，為了增加可用桌面，我用「ㄈ」形的架子做電腦螢幕的置物架。要在狹窄的書桌上看書或學習時，只要將鍵盤推到螢幕架底下，馬上就變出讀書空間！另外，也將書寫工具與其他文具分類置於透明收納盒裡。

　　購買一個小型抽屜櫃放在書桌上，存放每天使用的物品。

　　列印用紙擺放在印表機旁邊，一旦需要時可以立刻拿取使用。

## 4. 有效利用壁式儲藏櫃的方法

　　這位客戶的房間裡沒有抽屜櫃，因此衣服全都以吊掛方式收拾。不過，大部分衣服的體積都很大，像是大型的連帽T與冬天的毛圍巾等。

將物品收納於抽屜櫃後貼上標籤，可以識別與找到所需物品。

　　將要放進壁式儲藏櫃的東西做分類後，發現有包包、衣服、圍巾、鞋子等種類的東西。我打算要將包包與衣服存放在衣櫃裡，而在房間裡用不到的鞋子或其他東西則放回原本該放的地方。

■ 過季的衣服以紙盒收納後，放在不易伸手拿取的儲藏櫃最上方。

■ 不常使用的包包與小型包，利用直立式檔案盒來置放保管。

■ 厚的連帽T、褲子、內衣、圍巾與其他雜物，用新買的大容量抽屜櫃來收納。這個抽屜櫃放在壁式儲藏櫃裡，以便直接拉開抽屜拿出衣物。

■ 將紙袋的把手部分向內摺入後，放在直立式檔案盒保管。一個檔案盒大約可以存放十個左右的紙袋。

■ 壁式儲藏櫃的中間部分為最容易伸手拿東西的位置，用來收納常用的包包。收納時可以在包包裡面填充報紙，維持包包原本的形狀。

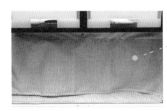

■在壁式儲藏櫃的最下方收納不常用的雜物。若看起來不整齊，就用布料來遮飾。用魔鬼沾可以簡單做出遮簾。

■在壁式儲藏櫃的門上掛帽子與包包，以徹底利用收納空間。
■將包裝商品的盒子，用S形掛鉤吊掛起來，用來收納絲巾與冬天的手套。

## 5.迷你梳妝台的整理法

　　大學生正處於很喜歡打扮的年齡。因此，要好好將迷你梳妝台整理完善，忙碌外出的時候才能節省時間。
■將已有的東西全部拿出來，分類成保養品、指甲彩繪用品、面膜、罐裝化妝品等，再進行整理。

　　利用牙膏盒子來放置歪歪倒倒、不容易立起來的化妝品。這樣便於找到拿取，也可以節省空間。

■在梳妝台上不好收拾的小東西，就移到抽屜的隔間裡收納。將髮夾、化妝品樣品等小東西，利用小盒子來分類收納。

■在小盒子裡用礦泉水瓶的下半部當作隔間，收納有電線的美髮用品，避免電線互相纏繞打結。

在家裡最常用的空間應該是房間、客廳或廚房，不過，再仔細看看就會發現家裡還有其他空間，像是廁所、前陽台與後陽台等，其中除了廁所以外，其他空間都可能一不注意就淪為堆放雜物的倉庫。這些空間雖然也包含在我們的居住範圍內，但總因為不常用而疏忽，或是由於又小又窄而不知如何善加使用。該怎麼整理才能聰明利用呢？我們就在本章裡一起學習吧。

# Part

8

## 空間 & 分析

其他

聰明利用家中的小空間！

# 衛生與整齊如何一舉兩得

**浴室** 在浴室裡最常用到什麼東西？在浴室最常進行衛生洗滌的事情，所以一定有肥皂、牙刷、沐浴乳、毛巾、衛生紙等用品。另外，浴室裡除了洗澡沐浴，也會洗抹布或內衣等小東西，和洗刷浴室，因此洗劑、盆子、洗衣板等東西都是必要的。浴室置放的東西因人而異，有些家庭還會將吹風機、捲髮器、刮鬍刀、衛生棉等都放在這裡。

一旦設定好浴室的使用目的，便自然會列出所需的相關用品。請回想一下自家浴室中所擺放的各種東西，有沒有一些與浴室無關的東西占用了空間呢？浴室比家裡的任何空間都小，因此在這裡收納用品時，務必先考慮用途。

浴室本身的收納空間很有限，因此即使是浴室用品，最好也只放置必要的物品，像是數條牙膏與多瓶洗髮精，這就是完全沒必要的。一次購買太多東西反而會妨礙整理，所以只需要多預備一個就夠了。

由於浴室是每日隨時在用的空間，因此每次使用完畢，一定要將用品歸還原位，才能常保整齊的狀態。請務必記得物品固定擺放的位置，並歸回原處！

## | 診斷 |

相較於其他空間，浴室收納的東西種類很固定，而且浴室的設計也都很相似，所以，適用於各家的整理撇步就能派上用場，只要做好基本分類以及安排固定擺放位置就可以完成整理。另外，在浴室裡空間衛生為第一優先，尤其這裡因為空間狹小容易有濕氣與汙垢，所以衛生清潔與整理有極大的關聯。

## | 顧問計劃 |

浴室是用來保持個人衛生的空間。因此，請牢記浴室的用途，並將不合用的東西移出。不適合浴室的東西，請扔掉或是放回該置放的位置。

 在居住空間中面積較小的浴室裡，所需的物品也要依用途與使用頻率來分類整理。將每天隨時會用到的物品收納於明顯易見的位置，儲備的物品則隱藏起來收納。

 浴室是家人的衛生空間，因此除了要整理也必須要清潔。浴室裡濕氣重，因此容易滋生黴菌。整理時不能只著重外觀，還要透過定期清潔來加強管理浴室衛生。

T Time 浴室不太會受到時間、季節的影響。因為這裡是家人每天數次出入的地方，與其考慮時間因素來規劃整理，不如先以清潔與安全為考量，和其他空間相比，浴室的衛生要更優先於整理。另外，在生活裡，很常於使用浴室時發生事故，因此規劃整理時也要注意這一點。

Let's try!
來讓衛生與整齊一舉兩得吧！

# # 將空間變為兩倍大的收納撇步

## 1. 分類日用物品與儲備物品

　　每天都在使用的東西收納於籃子或收納盒後，固定放在容易看見的位置，才不會散布在浴室各個角落。

將平常隨便擺在浴缸或水槽上的浴室用品，用雙層架子來收納，可以讓空間變得更大。選擇底部為梳齒狀的架子利於排水，更有助維持清潔。

將在浴室鏡子前會用到的物品集中在一起才容易找到，用完後也可以直接放回。

## 2. 適當利用明顯可見的收納與隱藏式的收納

● 將儲備用品與多餘的毛巾，隱藏收在浴室的收納櫃。

● 有隔間的籃子很方便用來收納肥皂、刮鬍刀、化妝品樣品、女性用品等小型物品。

● 收納毛巾時，使用伸縮桿當作前擋，可以防止毛巾向前傾倒。

也可以將毛巾捲起收納於籃子裡。

### 3. 清潔用品與其他物品的整理
### 　方法

　　為每一件用品安排固定位置！安排位置時，將使用頻率差不多的用品放在一起。

● 將多餘的內衣褲放在浴室收納櫃的底部，洗完澡後可以立刻換穿，也達到縮短動線的目的。

● 若浴室裡有太多東西，在浴室門口添加一個收納櫃以增加收納空間。

● 在浴室裡可以擺放濕地植物，不僅可調整濕度又能增加美化效果。適合的植物有蘭花、水生植物、盆栽等。

# 倉庫變成寶庫

**前、後陽台**

在大部分的家庭裡，前、後陽台通常都當作倉庫來存放家裡的雜物或放置洗衣機。這些雜物中，有每天都要使用的，也有只在戶外活動或特別日子裡才使用的。一年偶爾只用幾次的這些東西，如果沒有也是頗不方便，例如：帳蓬、睡袋、烤肉架、戲水用品、卡式瓦斯爐與餐具等，平常不會用得上，但是需要的時候偏偏又忘記放在哪兒，也不可能每次都重新購買。於是，這些東西得經過分類收納，才能在需要時立刻出現。當然，在使用完畢後也要妥善清潔，以免故障與生鏽。

雖然，大部分的家庭將前、後陽台當作倉庫來使用，但是都不會適當整理，從搬進來是怎樣就這樣維持著，直到要搬家離開時才會再整理。若能善加整理前、後陽台，這兒也可以變成寶庫，好好利用從前不會利用的空間。

## | 診斷 |

一般家庭在陽台上擺放非常多東西。
認為將來會有需要的、趁便宜大量購
買的東西，例如：買三送一洗髮精、
買一送一大容量捲筒衛生紙等，經常
被堆在陽台上。各種不同用處的物品
混在一起，很難找到需要的東西。而
事實上，大部分堆放在陽台上的東
西，幾乎都是丟掉也沒什麼關係的。

## | 顧問計劃 |

正如前面所強調，先挑選出來現在不使
用或扔了也沒關係的東西，可以將有剩
餘價值的東西分享給別人。接下來，將
這些用品分別收納於收納箱或有隔間的
透明抽屜櫃裡，並貼上標籤註明內容
物。另外，也要多方面思考如何利用又
窄又長的陽台空間。

 整理陽台時，不需要特別考慮時間
條件。我們一般會利用陽台來保管
當下不使用，但偶爾又會需要的用
品，例如：夏天或冬天的運動用品、電風
扇、暖爐、聖誕樹等，需要在特定期間裡才
會用上的季節性物品。

 很多家庭在陽台存放不常使用的用
品，甚至將此空間當作洗衣間或小
廚房。大部分的人將家裡的雜物全
都堆在陽台上，但若按照用品的目的先做分
類之後再收納，應該就能更有效地利用。

保管季節性用品的時候，得慎重選
擇收納置物用品。與其選擇易受潮
的紙箱或不織布容器，不如使用有
蓋子的塑膠箱，分別收納各季節不同用途的
物品，並且貼上標籤，以利辨識與尋找。

Let's try!

原本不管用途與空間目的被用來堆放雜
物的陽台，現在要開始建立秩序。

# # 有效利用狹長空間的收納撇步

## 1. 製作公寓樓層式收納空間

● 大部分的陽台都很窄，而且有著長形走廊的結構，因此並不容易收納東西，也不太能放進收納用櫃子。針對這種空間，適合用寬度窄且可以層疊的收納置物用品，取代又寬又深的置物箱。將原本堆在地板上的東西都收進收納用品裡，可以節省空間。

● 利用空箱來製作簡易式抽屜，可以變成好用的收納用品。如照片所示，層疊式的收納更能有效利用空間。

● 在洗衣機上方的空間裡，架起一個層板可以增加收納空間。使用這種層板時，請注意只能擺放不常使用且重量輕的用品。

## 2. 看不到會更整齊

● 若在陽台的層板上收納物品之後，外觀上感覺不整齊，就使用伸縮桿掛上薄布料，遮掩收納物品的位置。挑個花色好看的布料，可以增加美觀。

● 也可以安裝拉門來遮掩不整齊的地方，相較於橫推門，拉門所占的空間更小，能讓空間利用效率提高，很適合狹窄的陽台。

## 〈冰箱〉 收納目錄

　　在表格上記錄自家冰箱裡的哪裡有什麼食物。若在食物名稱旁邊還能附註有效期限，就更仔細周全了。知道在哪個位置裡有哪些東西，可以減少打開冰箱門的次數與時間，對省電也有幫助。（請參考下方的例子試試看！）

| 冷凍庫門 | 冷凍庫 | 冷藏室 | 冷藏室門 |
|---|---|---|---|
| | **冷凍庫層板1**<br>魚乾、昆布、海苔、小魚乾 | **冷藏室層板1**<br>蘋果醬、草莓醬 | |
| 刀切麵、細麵、豆腐渣、棗子、蔥 | **冷凍庫層板2**<br>蒜泥、餃子、豬肉 | **冷藏室層板2**<br>空位(目前沒有東西)、濃縮梅汁、涼拌小黃瓜 | 飲用水、醬油、味醂、濃縮梅汁 |
| | **冷凍庫抽屜1** | **冷藏室抽屜1**<br>豆腐、萵苣、紅辣椒、麵粉、砂糖 | 沙拉醬、美乃滋、蜂蜜芥末醬 |
| 大豆、豌豆 | **冷凍庫抽屜2**<br>乾燥蔬菜、鴨肉、豬肉 | **冷藏室抽屜2**<br>水梨、蘋果、柿子、橘子 | 麻油、優酪乳、乳液、保濕乳、維他命、營養補給品 |
| 黑豆、花生 | **冷凍庫抽屜3**<br>鯖魚 | **冷藏室抽屜3**<br>松子(瓶裝)、花生(瓶裝)、棗子(瓶裝)、栗子(生)、馬鈴薯、洋蔥 | |

| 冷凍庫門 | | 冷凍庫 | | 冷藏室 | | 冷藏室門 |
|---|---|---|---|---|---|---|
| | | 冷凍庫層板1 | | 冷藏室層板1 | | |
| | | 冷凍庫層板2 | | 冷藏室層板2 | | |
| | | 冷凍庫抽屜1 | | 冷藏室抽屜1 | | |
| | | 冷凍庫抽屜2 | | 冷藏室抽屜2 | | |
| | | 冷凍庫抽屜3 | | 冷藏室抽屜3 | | |

## 〈衣櫥〉 收納目錄

在表格上記錄衣櫥的內容物後，貼在衣櫥門上。若先知道衣櫥的哪個位置有些什麼衣服，早上花在找衣服的時間就可以減少，而且也很方便將衣服放回原位。大部分的衣櫥是三段式的，但是，因為每個家庭的衣櫥隔間會有所不同，所以這邊沒有顯示更仔細的分線。請根據自家衣櫥的結構來畫線和記錄。（請參考下方例子試試看！）

| | | |
|---|---|---|
| 過季的棉被與枕頭 | （可以掛在桿子上的短衣服）<br>襯衫、短袖襯衫、風衣、罩衫等 | |
| | | （可以掛在桿子上的長衣服）<br>冬季用長外套、長連身裙、長風衣——掛完衣服後，以籃子或抽屜來利用剩餘的空間置放 |
| 目前使用的棉被、褲子、薄棉被 | | |
| | 包包 | T恤直立式收納 |
| | | T恤層疊式收納 |
| 多餘的枕套、棉被套、床罩 | 內衣、內褲 | |
| | 襪子 | 其他雜物 |

## 〈流理台〉 收納目錄

你曾經爲了找一個盤子而將流理台全部的門都開一遍嗎？整理乾淨很重要，但是若很難知道哪裡有什麼東西，會造成更多生活上的不便吧？因此，在整理完畢後，要將流理台的收納品目記錄下來。每個家庭有不同形狀的流理台，因此，請根據自家的實際情形來畫線和記錄吧！（請參考下方的例子試試看！）

**流理台（上方）**

| 保溫瓶、水瓶、戶外用餐盒、<br>（不常使用的）密閉容器 | | 泡麵、水瓶1、水瓶2、<br>保溫杯、保冷杯 |
|---|---|---|
| 盤子組、餐具組 | 馬克杯、咖啡杯組、啤酒杯 | 綠茶袋、烏龍茶袋、麥茶 |
| 小菜用密閉容器：大、中、小 | 飯碗、湯碗、盤子、大盤子 | 調味料、佐料、麻油、胡椒粉 |

**流理台（下方）**

**抽屜1**
抹布、菜瓜布、木筷子等

**大抽屜櫃**

**抽屜2**
餐廳折價券、餐具組、
垃圾袋

果糖、
沙拉油

（與火有關的烹飪用具）
鍋子、平底鍋

（與水有關的廚房用品）
大碗、瀘水碗、
沙拉蔬果脫水器

昆布、砂糖、鹽巴、
胡椒粉、醬油、醋、
沙拉油、橄欖油

**抽屜3**
塑膠手套、橡膠手套、
夾鍊袋

流理台（上方）

流理台（下方）

抽屜1                    大抽屜櫃

抽屜2

抽屜3

# 在本書中使用的收納用具

你是不是曾有過想要上網買東西，卻不知道該物品的名稱，於是隨便搜尋能聯想到的名字，最終因為找不著而放棄？或是因為不知道物品名稱，而在店裡比手畫腳地說明？無論多好的東西，若是沒有正確的資訊，也是難以找到的。

這裡提供本書所使用的收納用品名稱與搜尋關鍵字（即使是同樣的商品，每一家店所使用的名稱都略有不同）、價格與購買地點等。若你們能善用書中介紹的收納用具，也可以成為整理達人。不過，請注意各家商品的價格都不盡相同。

## 1. 鞋架

鞋架可以在大創百貨（DAISO）以39元的價格買到。在搜尋網站上以關鍵字「鞋架」來搜尋，能夠找到各種設計的鞋架。

▲層疊式鞋架　　▲並排式鞋架　　▲Z形鞋架

## 2. 合板

合板是將木屑以強力膠塑成的木板，應用於家具或室內裝潢。與實木相比，合板的重量輕又便宜，因此常用於製作DIY家具。若在家具賣場購買已切好的合板或在木材行依個人需求裁切，回家就不需要再鋸，只要用螺絲來固定形狀即可。但是，由於是合成的材料，其堅固性不如實木，不能維持長期不變形。

▲合板

## 3. S形掛鉤

S形掛鉤可以在五金行或大賣場購買。若在這些地方沒有，也可以上網在室內裝潢用品網站上買到。

▲S形掛鉤

## 4. 隔間盒

這種盒子在大創或文具行可以找到。以關鍵字——隔間盒、巧克力盒來搜尋，就能容易找到。

▲隔間盒

## 5. 遙控器收納盒與皮革收納盒

收納盒除了皮革材質以外，也有以塑膠、實木為材料的各種不同遙控器盒。請依個人預算、搭配家裡裝潢等做選擇。這種盒子可以在大賣場購買。

▲遙控器收納盒　　▲皮革收納盒

### 6. 文件夾

打開這種文件夾後看起來就像是風琴，因此也叫做風琴式檔案夾。該物品可以在辦公用品店購買。

▲文件夾

### 7. 盤架

用盤架可以將盤子立起來收納，常用的盤子採用直立式收納比層疊式收納方便。盤架在大創或大賣場以39元的價格販賣。在網路上搜尋時，用關鍵字「盤架」、「碗盤架」來尋找。這裡介紹的是塑膠材質，也有用實木製造的，請依家裡的裝潢風格來選擇。

▲盤架

### 8. 綑紮帶

綑紮帶的用處出乎意料的多。如在本書裡所介紹的，可以用來做分割空間、綁在籃子上當作把手、綑綁電線等。在五金行、大賣場、文具行等都有賣。

▲綑紮帶

### 9. 盤子用層板

盤子用層板是以上下兩層來收納大小與形狀不同的碗盤。該物品通常放在流理台或櫃子裡面使用，使用時請注意，上層的層板不要擺放太重的東西。

▲鐵質層板

▲塑膠層板

### 10. 書擋

原本是預防書本歪倒的書擋。在本書裡所介紹的用途，為擋住流理台抽屜裡的東西（抹布、菜瓜布、圍裙等），以免歪斜傾倒。該物品可以在文具行與大賣場購買。

▲書擋

### 11. 直立式檔案盒

這是專門收納A4紙大小檔案夾的塑膠盒子，大部分在文具行、大賣場或大創百貨等店販賣。檔案盒可以擺放於流理台下方櫃子裡，收納大型的平底鍋蓋子。

▲直立式檔案盒

除了廚房以外，也可以放在衣櫥裡，當作包包收納盒。將容易變形的包包分別置入檔案盒中，不但可以維持形狀，而且也很容易拿取使用。

### 12. 不織布收納盒

這是以不織布做的隔間式收納盒。由於其材質為不織布，每個隔間的空間都可以彈性調整。隔間式的設計很適合收納內衣、襪子等小型的衣類。這種產品隨販賣地點不同也有不同名稱，因此請以「不織布收納盒」、「內衣整理盒」等關鍵字來搜尋。價格則依隔間的數目而不同。

▲不織布收納盒

### 13. 透明壓克力收納盒

該產品是用壓克力做的，因此可以一眼看得見內容物。由於裡面沒有隔間，除非是保管於抽屜裡，否則最好使用蓋子來保護內容物。

▲ 透明壓克力收納盒

### 14. 領帶架

該產品適合將領帶與皮帶聚集起來收納。依材質不同價差很大，因此請根據自己的預算、裝潢風格、空間大小等條件來決定選購。

▲ 領帶架

### 15. 隔間式整理盒

整理盒裡面有不同大小的隔間，因此其應用範圍相當廣。特別適合收納大小不一致的內衣褲與襪子。每個賣家都有不同的名稱，但以「隔間式整理盒」、「內衣整理盒」當關鍵字來搜尋就可以找得到。價格也是依材質而有所差別。

▲ 隔間式整理盒

### 16. 伸縮桿

該產品以關鍵字「伸縮桿」或「浴簾桿」來搜尋就可以找得到，依長短有不同價格。

▲ 伸縮桿

### 17. 塑膠抽屜櫃

本書裡所介紹的抽屜櫃是三段兩排式的。由於價錢並不算便宜，所以需要先確認收納空間的大小與用途之後再下單訂購。

某些抽屜櫃的每一格抽屜可以獨立分離出來，因此能夠按照空間條件來調整排列方式。

▲ 塑膠抽屜櫃

▲ 文具類抽屜櫃

## 庫存調查表 〈冰箱〉

（以下爲Part1所介紹的庫存調查表。你可以將該頁影印或切下來，貼在冰箱門上使用。）

| 庫存調查<br>項目 | 購買<br>日期 | 庫存調查<br>日期 | 購買<br>數量 | 目前<br>數量 | 備註 |
|---|---|---|---|---|---|
|  |  |  |  |  |  |
|  |  |  |  |  |  |
|  |  |  |  |  |  |
|  |  |  |  |  |  |
|  |  |  |  |  |  |
|  |  |  |  |  |  |

## 小家很有愛：
### 回到家真舒服！
### 看了這些10~20坪改造後的小空間，
### 只能說，好想搬進去住！

申敬玉◎著　李修瑩◎譯
定價399

**【博客來藝術設計類第1名！】**
歷時五年慢工細琢，寫成一部實用又美好的「家」設計。
申敬玉是最會營造生活感的空間設計師，
看她改造過的12個溫馨小家，
6間獨特風味小店，
也跟她去巴黎拜訪3棟珍珠般的小房子，
屋主們都說，每天都好想回到家！

設計小家、更住過小家多年的申敬玉，
精挑細選出她設計過的幾個空間，花了五年寫成了《小家很有愛》，
她說：不要讓你的家變成樣品屋，不敢碰，不敢用。
「雖然不華麗，但很吸引人。」這就是第一流設計師申敬玉風格！

## 我的秘密陽台基地
### ──利用小小的空間，打造出屬於你的VIP室！

**【陽台女王】朴熙蘭◎著**　孫培芳◎譯
定價499

部落格每日瀏覽人次超過萬人，
陽台女王朴熙蘭說：誰說室外的開放空間，才叫陽台？
包圍住窗戶的鐵窗，窗下的小花臺，冷氣室外機上方，
甚至是為了擴充室內坪數被打通的舊陽台區域……
只要陽光與風能進入的地方，都是你能利用的空間！
只要動手一點一點改變，快樂的空氣就能充滿你的生活！
最齊全的陽台知識與實作小百科，從首爾風靡到台北，
請你從此別再說：我家沒有陽台，或者，我家陽台不好用！

## PARIS STYLE
# 巴黎幸福廚房

山下郁夫◎攝影 hirondelle◎採訪撰稿 楊明綺◎譯
定價260

去逛逛巴黎人的廚房，
才懂得，打造廚房空間原來才是真生活，
每翻一頁就再幸福一回！

看巴黎人的浪漫生活力，
就從窺視他們的廚房和飯廳開始。
一次看完14戶人家的廚房與飯廳，
想像一下，如果每天從晨光中醒來就有Paris Style感，
是多麼不可思議的魔幻體驗啊～～～
讓巴黎廚房，添加你的日日幸福吧！

# 我愛做家事，小家很有FU
## ——生活品味，從照顧家的小細節開始，
## 找到家的好感覺，從享受做家事開始！

圓圓夫人◎著 曾晏詩◎譯
定價399

做家事也可以怦然心動？
這是一本看了會想做家事的書！

● 雖然是租屋族，也不需要委屈自己，
　　更換沙發套就像換新沙發，盡情把牆壁漆上自己喜歡的顏色！

● 雖然沒有院子，但陽台也可以改造成花田，
　　這算只是充滿植物的小方寸之地，就是遊樂場和夢想空間

● 收納就是戰爭！
　　容器雖然有方有圓，但只要統一種類，看起來就會很整齊！

● 縫縫補補針線活，走的是「我行我素」風格，
　　光是幫冰冷的門把編織門把套，心裡就有莫名的感動！

家的氣氛，自己創造。
用生活的直覺，照顧家的細節！

國家圖書館出版品預行編目資料

整理顧問到你家：5大概念2大關鍵，讓你成為自己
最棒的生活管家 / 林姬廷＆姜NOORI著；高俊江
・賈蕙如譯.
——初版——臺北市：大田，民103.03
面；公分.——（Creative；059）

ISBN 978-986-179-319-1（平裝）

1.家庭佈置

422.5                                    102022197

Creative 059

# 整理顧問到你家：

## 5大概念2大關鍵，讓你成為自己最棒的生活管家

林姬廷＆姜 NOORI◎著
高俊江・賈蕙如◎譯
出版者：大田出版有限公司
台北市10445中山北路二段26巷2號2樓
E-mail：titan3@ms22.hinet.net　http://www.titan3.com.tw
編輯部專線：（02）25621383　傳眞：（02）25818761
【如果您對本書或本出版公司有任何意見，歡迎來電】

總編輯：莊培園
副總編輯：蔡鳳儀　編輯：張家綺
行銷助理：高欣妤
美術排版：黃寶慧
校對：鄭秋燕/賈蕙如/高俊江
初版：二〇一四年（民103）三月二十日 定價：280元

印刷：上好印刷股份有限公司　（04）23150280
國際書碼：978-986-179-319-1 CIP：422.5/102022197

# 讀 者 回 函

你可能是各種年齡、各種職業、各種學校、各種收入的代表，
這些社會身分雖然不重要，但是，我們希望在下一本書中也能找到你。

名字／_____　　性別／□女 □男　　出生／_____年____月____日

教育程度／

職業：□學生 □教師 □內勤職員 □家庭主婦 □SOHO族 □企業主管
　　　□服務業 □製造業 □醫藥護理 □軍警 □資訊業 □銷售業務
　　　□其他 _____

E-mail/_____ 電話／_____

聯絡地址：

你如何發現這本書的？　　書名：整理顧問到你家：5大概念2大關鍵，讓你成為自己最棒的生活管家

□書店閒逛時_____書店 □不小心在網路書站看到（哪一家網路書店？）_____
□朋友的男朋友（女朋友）灑狗血推薦 □大田電子報或編輯病部落格 □大田FB粉絲專頁
□部落格版主推薦 _____
□其他各種可能 ，是編輯沒想到的 _____

你或許常常愛上新的咖啡廣告、新的偶像明星、新的衣服、新的香水……
但是，你怎麼愛上一本新書的？

□我覺得還滿便宜的啦！ □我被內容感動 □我對本書作者的作品有蒐集癖
□我最喜歡有贈品的書 □老實講「貴出版社」的整體包裝還滿合我意的 □以上皆非
□可能還有其他說法，請告訴我們你的說法

_____

你一定有不同凡響的閱讀嗜好，請告訴我們：

□哲學 □心理學 □宗教 □自然生態 □流行趨勢 □醫療保健 □財經企管 □史地 □傳記
□文學 □散文 □原住民 □小說 □親子叢書 □休閒旅遊 □其他 _____

你對於紙本書以及電子書一起出版時，你會先選擇購買

□紙本書 □電子書 □其他 _____

如果本書出版電子版，你會購買嗎？

□會 □不會 □其他 _____

你認為電子書有哪些品項讓你想要購買？

□純文學小說 □輕小說 □圖文書 □旅遊資訊 □心理勵志 □語言學習 □美容保養
□服裝搭配 □攝影 □寵物 □其他 _____

請說出對本書的其他意見：

大田出版有限公司編輯部 感謝您！

From：地址：..............................................................................

姓名：..............................................................................

To： **大田出版有限公司　編輯部收**

地址：台北市 10445 中山區中山北路二段 26 巷 2 號 2 樓

電話：（02）25621383　傳真：（02）25818761

E-mail：titan3@ms22.hinet.net